非認知能力 が育つ

3〜6歳児の

あそび図鑑

Ⓘ池田書店

　この本には、親子で楽しく遊べる遊びがたくさん紹介されています。それらの遊びには、共通点があります。それは、遊ぶだけで子どもの「非認知能力」が高まる、ということです。

　最近、話題になっているのが、「非認知能力」です。「非認知能力」は、その力があるのとないのとでは、人生の楽しみ方が大きく違ってくるといっていいほどの、とても大切な力です。でも、そんなに大切で、話題になっている割には、「非認知能力」のことは残念なことにまだよく知られていません。そこで、遊びをご紹介する前に、「非認知能力」のことを少し紹介させていただいています。

　遊びというもののすばらしさと、遊びを通して子どもに「非認知能力」が身についていくことのすばらしさを、どうしても知っていただきたかったからです。読んでいただければ、おそらくみなさん、この本の中にある遊びを早くやってみたくなるはずです。

この本では、100個以上の遊びを紹介しています。そのひとつひとつに、かわいいイラストと、遊び方やポイントが書かれています。それを参考にしながらぜひ遊んでみてください。

　準備がかんたんで、すぐにできるものばかりです。準備が必要なものも、基本は身の回りにあるものを使っていますので、すぐに遊べると思います。

　遊びというのは、子どもはひとりで遊んでも楽しいのですが、大好きなパパやママと遊ぶと子どもはとってもうれしく、もっと楽しくなります。ぜひ親子で楽しく遊んでくださいね。遊べば遊ぶほどお子さんの非認知能力が養われていくこと、みなさんのご家庭に笑顔の花がたくさん咲くことをお約束します。

監修者　原坂一郎

3〜6歳児の あそび図鑑

はじめに ………………………… 2

人生の強い味方「非認知能力」……… 8

「非認知能力」は遊びと
親の関わりの中で育つ …………… 12

子どもは遊びの中で学んでいく ……… 14

非認知能力を育てる
「大人の関わり」………………… 18

表現力を 養う遊び

表現力が育つ遊びって
どんなもの? ……………………… 22

黒いキャンバス ………………… 24

封筒で人形劇 …………………… 25

イエス・ノークイズ …………… 26

モノマネ大会 …………………… 27

野菜スタンプ …………………… 28

セロファンめがね ……………… 29

おしゃれな貝探し ……………… 30

お絵かきリレー ………………… 31

変身お絵かき …………………… 32

砂浜に大きな絵 ………………… 33

かんたん! パクパク人形 ……… 34

牛乳パックでパクパク人形 ……… 35

木の形に変身!? ………………… 36

サイコロ百面相 ………………… 37

カラフル影絵 …………………… 38

光をつかまえろ ………………… 39

いろんなものに大変身 ………… 40

細長い紙でなに作る? ………… 41

コラム
そと遊びに持っていくもの ……… 42

PART 2

身体能力を養う遊び

身体能力が育つ遊びって
どんなもの? ……………………… 46
ひらひらキャッチ ………………… 48
新聞フリスビー …………………… 49
グラグラしないかな? …………… 50
新聞ずもう ………………………… 51
おうちでボウリング ……………… 52
おうちで玉入れ …………………… 53
自然発見マップ …………………… 54
しゃがみオニ ……………………… 55
棒高跳びに挑戦 …………………… 56
ファミリーおしくらまんじゅう …… 57
ちぢんでじゃんけん ……………… 58
しずく運びリレー ………………… 59
お水のソムリエ …………………… 60
海の上でプカプカ ………………… 61
ぐるぐるオニごっこ ……………… 62
足の間をジャ〜ンプ! …………… 63

波の中をかけっこ ………………… 64
プチプチですべり歩き …………… 65
落ちてきたのは? ………………… 66
お手付き合戦 ……………………… 67
触っただけでわかるかな? ……… 68
タオルのそりあそび ……………… 69
輪ゴム輪投げ ……………………… 70
海辺の押しずもう ………………… 71
リズムしりとり …………………… 72
くもの巣、通り抜けゲーム ……… 73
うちわパタパタ競争 ……………… 74
ハンカチ落とし …………………… 75
くるくるブーメラン ……………… 76
まんまるふうせん ………………… 77

コラム
そと遊びのある1日 ……………… 78

PART 3

創造力を 養う遊び

創造力が育つ遊びって
どんなもの？ ················ 82
マイ・プラネタリウム ··········· 84
3つでオリジナル童話 ·········· 85
王様の花かんむり ············· 86
広告のお店屋さん ············· 87
自分の絵でジグソーパズル ······ 88
貝がらアート ················· 89
空き箱コリントゲーム ·········· 90
三角星座取りゲーム ··········· 91
自分だけの絵本 ·············· 92
コーヒーフィルターのお花 ······· 93
ダンゴムシの迷路 ············· 94
どんぐりカレンダー ············ 95
砂で魚を作ろう ··············· 96
マグネット迷路 ··············· 97
いちごあめづくり ·············· 98
レンジでカップケーキ ·········· 99
波打ち際で棒倒し ············ 100
お魚釣りゲーム ·············· 101

コラム
自分で絵を描いて、マイ図鑑作り ····· 102

PART 4

想像力を 養う遊び

想像力が育つ遊びって
どんなもの？ ················ 106
シルエットクイズ ············· 108
「ロパク」クイズ ·············· 109
クラゲオニごっこ ············· 110
豆苗を食べて、再収穫！ ········ 111
ペットボトルで泡アワー ········· 112
「巻き物」で「当て物」 ········· 113
タオルで「魔女の宅急便」 ······· 114
タオルうさぎ ················ 115
特徴だけで絵に挑戦 ·········· 116
海水から塩作り ·············· 117
かさぶくろケット ·············· 118
8分の1パーツの世界 ········· 119
磯遊びで、マイ水族館 ········· 120

考える力を
養う遊び

箱積みゲーム ················ 121
箱めがねで水中探検 ············ 122
ふうせんマット ··············· 123
ハテナボックス ··············· 124
連想ゲーム ················· 125
ドキドキプレゼント ············ 126
ごほうびじゃんけん ············ 127
なんの動物でしょうか? ·········· 128
ぺちゃんこおうまさん ··········· 129
ピカピカどろだんご ············ 130
絵本DEクイズ ··············· 131

コラム
みんなのお出かけアイデア集 ········ 132

考える力が育つ遊びって
どんなもの? ················ 136
まる消し ·················· 138
ペットボトルシャワー ··········· 139
お月さまが変身!? ············· 140
波とキャッチボール ············ 141
まねっこつなぎゲーム ··········· 142
ドレミで曲あてっこ ············ 143
私はだれでしょう!? ············ 144
おうちで宝さがし ············· 145
さかさまワールド ············· 146
ぜーんぶ「あいうえお」 ·········· 147
ちりめんモンスター ············ 148
なくなったのは? ············· 149
穴から見て当てよう ············ 150
宝(貝)探しゲーム ············· 151
3ピースの神経衰弱 ············ 152
砂浜の生き物、どーこだ? ········· 153
メンコで勝負 ··············· 154
サビキ釣り ················ 155

コラム
遊ぶ場所を探そう ············· 156

人生の強い味方「非認知能力」

幼児教育界でいま注目を浴びる

非認知能力

「非認知能力」……なにやらむずかしそうな響きの言葉ですよね。聞いたこともないという方もいらっしゃると思います。「非認知能力」は、いま教育界でもっとも注目を浴びている力です。

「非認知能力」に対して「認知能力」という言葉があります。「認知能力」とは、ひと口でいうと、「読み・書き・計算」といった、いわゆる「お勉強」などをする際に必要となる能力のことです。認知能力の特徴は、その有無や獲得度合いを、テストの点数やIQ（知能指数）といった形で、数値化できることです。一方、「非認知能力」は、数字では表わせないため評価の基準がなく、これまでは認知能力ほど注目を浴びることがありませんでした。

しかし最近、「読み・書き・計算」以外の力、すなわち非認知能力への評価が高まり、とくに幼児教育の世界では、非認知能力は認知能力と同格か、それ以上に位置づけされるまでになっています。幼児期からの養成がなによりも大切だからです。

幼児教育の世界で求められている非認知能力

幼稚園や保育園では、「教育要領」や「保育指針」の中に記されている、「5領域」と「10の姿」を基にして保育が行なわれています。「5領域」とは「健康・人間関係・環境・言葉・表現」のことを指し、保育は、子どもたちのその5つの側面の成長を促すことが大切とされています。また、子どもたちの望ましい姿として次のような「10の姿」があげられています。

10の姿

1　健康な心と体
2　自立心
3　共同性
4　道徳性・規範意識の芽生え
5　社会生活との関わり
6　思考力の芽生え
7　自然との関わり・生命尊重
8　数量・図形・文字などへの関心・感覚
9　言葉による伝え合い
10　豊かな感性と表現

幼稚園や保育園では、この「10の姿」を「就学前に身につけておくこと」と位置づけ、保育がなされています。これらを、認知能力と非認知能力に分けてみると、こうなります。

認知能力

8　数量・図形・文字などへの関心・感覚

非認知能力

1　健康な心と体
2　自立心
3　共同性
4　道徳性・規範意識の芽生え
5　社会生活との関わり
6　思考力の芽生え
7　自然との関わり・生命尊重
9　言葉による伝え合い
10　豊かな感性と表現

さまざまな「非認知能力」を幼児期から養い、その能力を身につけておくことは、子どもの成長と発達においてなによりも大切なのです。

読み・書き・計算の「先どり教育」よりも

いま大切なのは 非認知能力 の養成

　昔から「読み・書き・計算」という言葉がある通り、教育の基本は読む力・書く力・計算力の3本柱で、それらは子どもたちを教育するうえで、もっとも大切なものと位置づけられてきました。それに伴い、いわゆる早期教育が盛んになり、いまでは、幼稚園や保育園での漢字教育や英語教育も珍しくありません。

　しかし、ノーベル経済学賞を受賞したジェームズ・J・ヘックマン博士は、その研究の中で、早期に読み・書き・計算の強化学習を始めても長期的に見ると、その影響力はほとんどなく、14歳時点での基礎学力の達成率の調査では、「読み・書き・計算」の開始時期の早さはほとんど関係がなかったと発表しています。

　幼児教育という視点で見た場合、幼稚園は文部科学省の管轄する「教育機関」であるため、「教育」というものが、保育の中でも大きなウエイトを占めています。一方、保育園は厚生労働省の管轄する「福祉施設」であるため、教育という側面が弱いことから、「毎日遊んでいるだけ」といった誤解が生じ、「子どもを入れるなら、教育をしてくれる幼稚園に」と考えるような人がまだまだ多くいます。しかし、小中学校の先生の多くは、学力だけではその出身が幼稚園か保育園かはわからないといいます。これは「読み・書き・計算」といった「認知能力の教育の開始時期の早さは関係がない」というヘックマン博士の研究とも一致します。

　では、早期のうちから養っておくべき力が必ずしも認知能力ではないならば、本当に養われるべき力は何でしょうか。ヘックマン博士は、それは「非認知能力」であるといっています。では、なぜ早期からの非認知能力の養成が大切なのでしょうか？

非認知能力
の教育は 早期に受けるほど 高い成果が上がる

　非認知能力をひと言でいうと、「人が人としてよりよく生きるために必要な力」ということができます。もちろん認知能力、つまり「読み・書き・計算」の力は、人生の中で大いに力を発揮します。そういう意味では認知能力は人生における「必須能力」といってもいいでしょう。しかし、それだけでは、人生をよりよく生きることはできません。人が人としてよりよく生きるためには、認知能力ではない、次のような能力が必要なのです。

1 自分の感情を コントロールする力
強い意志　忍耐力
自制心　対応力
などがそれに当たります。

2 人と うまく関わる力
協調性　コミュニケーション能力
誠実さと思いやり　社交性
などがそれに当たります。

3 目標に向かって がんばる力
意欲　根気
やる気　粘り強さ
などがそれに当たります。

4 苦難を 乗り越える力
粘り強さ　チャレンジ精神
立ち直りが早い　やり抜く力
などがそれに当たります。

　これらの力が身についていたら、人生のさまざまな場面で強い味方になりそうです。このすべてが非認知能力です。これらの力は幼児期からの育成が十分に可能です。ヘックマン博士は研究の中で、非認知能力の育成こそ早期から始めるほど成果を上げやすいといっています。

「非認知能力」は遊びと親の関わりの中で育つ

遊びで育つ「非認知能力」と親の関わりで育つ「非認知能力」

ひと口に「非認知能力」といっても、さまざまな能力があります。その中でも、おもに遊びを通して養われていく非認知能力を、「基本的な5つの非認知能力」とし、それに合わせて章も5つに分けています。また、P.11の「自分の感情をコントロールする力」「人とうまく関わる力」「目標に向かっ

てがんばる力」「苦難を乗り越える力」という4つの力は、遊びそのものからではなく、親からの適切な関わりがあってこそ養われる非認知能力です。そういう意味では、遊ぶ際の親の関わり方は、その獲得にもっとも影響を与えるものといえるでしょう。

1. 表現力

伝えたいものをなんらかの見える形にして伝えていく力、それが表現力です。表現力のある人は、自分の気持ちが伝わりやすくなります。表現力の豊かな人は、人の心を揺さぶります。社会を生きていく上で大切なもののひとつにコミュニケーション能力があります。そのとき最大の武器となるのが表現力なのです。

2. 身体的な力

人の体の中に備わるあらゆる力のことをいいます。筋力、走力、ジャンプ力、瞬発力、柔軟性、などの能力に優れている人は身のこなしがよく、自分の体を思った通りに動かすことができます。その他、視力や聴力といった目や耳に関する能力、手や指をうまく操る能力など、フィジカルな能力が高ければ高いほど、人生のチャンスは広がっていきます。

遊びから育つ
5つの基本的
「非認知能力」

3. 創造力

思ったものを自由自在に創ることができる力、それが創造力です。創造力のある人はなにもないところでも、なにかを創っていくことができます。限られた素材の中でもどんどんなにかを創っていきます。ひとつのテーマを与えられるだけでも無数のなにかを創っていくことができます。その「なにか」は、自身の人生に必ず彩りを与えてくれます。

4. 想像力

目の前にはなにもないのに、さまざまなものが見える力、それが想像力です。想像力のある人は、相手の気持ちが見えるようになり、よりよい人間関係を築くことができます。想像力のある人は、言葉や文字からだけでも、頭の中で映像のように見えてきます。想像力がある人は、一部を見ただけでも全体を見通すことができます。

5. 考える力

人は毎日考えています。でもその力は人によってずいぶん違っています。なにかあってもほとんどなにも考えないで動く人もいれば、なにかあるたびに瞬時にその原因や問題点を探り、よりよい対処法や改善策を導きだす人もいます。「考える力」のある人は、どんな場面でもうまく対応できるようになり、いかなる困難も乗り越えやすくなります。

子どもは遊びの中で学んでいく

子どもは遊ぶことで
さまざまなことを学んでいく

昔から、「子どもは遊びが仕事」といわれています。子どもは遊びを通してさまざまなことを学んでいきます。ただ遊ぶだけでもさまざまなことが身についていくのです。遊びは、子どもの健全な成長と発達のためには、なくてはならない、とても大切なものなのです。

子どもにいいのは
どんな遊び？

遊びには無数のものがありますが、いかなる遊びも、分類するとその形態や性質で、次のように10のジャンルに分けることができます。その中でそれぞれ補完し合う形態及び性質を対にして考えると、次のような5つに分類することができます。幼稚園や保育園

では、たとえば「動的遊びを楽しんだあとは、静的な遊びをする」という風に、相反するジャンルを続けて行なうことで遊びのバランスを整えています。子どもたちの経験する遊びに偏りがないようにし、さまざまなジャンルの遊びを楽しめるようにしているのです。

動的遊び

なわ跳び、オニごっこ、サッカー遊びといった、全身を動かして遊ぶ、文字通り動的な遊びは、自身の体を自分の意志でコントロールする力が養えるようになるとともに、いわゆる運動能力も高まっていきます。

と

静的遊び

ぬりえ、本読み、折り紙、ジグソーパズルといった、静かな雰囲気の中で行なう静的な遊びは、心を落ち着かせ、精神的な安定をもたらすとともに、集中力も養われていきます。

能動的遊び

自分から動くことで成立する遊びは、すべて能動的遊びです。自分が動かないと始まらない遊びなので、自ら動く、自分の意志で行なう、という主体性が養われていきます。

と

受動的遊び

能動的遊びとは逆に、自分はなにも動かなくてもいい遊び、一方的に与えられる遊びが受動的遊びです。絵本を読んでもらう、人形劇を見る、マジックをしてもらうなどがそれに当たりますが、見るだけでいい遊びが多いので、疲れているときや病気のときなど、体を動かせないときには最適です。一見、消極的な遊びのように見えますが、与える側の関わり方次第で、さまざまな非認知能力を引き出すことができます。

想像（創造）的遊び

「なにか」を想像したり、自分でなにかを創り出したりする遊びです。○○ごっこや人形遊びなど想像力を働かせる遊びは、自分だけの空想の世界が広がります。積み木、砂山作りなどの創造的な遊びは、自分の考えでなにかを創り出す、まさにクリエイティブな遊びといえます。

と

破壊的遊び

積み木を崩したりドミノを倒したり、ボウリングのピンを倒すなどの、一見破壊的な遊びは、そのまま心地よいカタルシス（心の浄化作用）となり、抑圧していたものが発散され、それによって心のバランスが取れるようになるのです。チャンバラごっこや戦いごっこなど「あらっぽい遊び」も同じ働きをします。

ひとり遊び

そばに人がいなくてもひとりで遊ぶことができるので、いつでも気軽に始められる遊びです。お絵かき、ぬりえ、なわ跳び、竹馬、公園の遊具など、誰に気兼ねすることなく好きなように遊べるので、心身ともに自由奔放になれる遊びです。

と

複数遊び

自分以外の誰かと一緒に遊ぶ遊びです。せっせっせ、にらめっこ、ジャンケンなど「誰かと2人で行なう遊び」と、トランプ、かごめかごめ、ドッジボール、ハンカチ落としなど、「集団で行なう遊び」とに分けることができます。そこで発生する小さなトラブルやけんかを通じて、人とのつながりの楽しさやむずかしさを学ぶことができます。

なにかを用いる 遊び

遊ぶためには「なにか」が必要なときが多いものです。折り紙、トランプ、パズル、なわ跳び、ボール遊びなど、いずれも遊ぶときはそれが必要となります。子どもはそこにひとつでもなにかがあると、それで楽しく遊ぶ力をもっています。

と

なにも使わない 遊び

「なにもなくても遊べる遊び」は、無限にあります。くすぐりっこににらめっこ、クイズになぞなぞ、手遊び・指遊び、わらべ歌遊びに替え歌遊び。いつでもどこでも誰とでも、すぐにできるので、そこに「なにもないとき」には最適の遊びです。

非認知能力を
育てる「大人の関わり」

親の関わり方次第で
非認知能力はグングン伸びる

　遊びを通して養われる非認知能力を引き出し、大きく育てていくキーパーソン、それは「親」です。どの遊びにおいても、そこに親からの適切な関わりがあれば、遊びで育つ5つの基本的非認知能力を最大限に引き伸ばし、ただ遊ぶだけでは育たなかった数々の非認知能力が育ち、子どもはどんどん伸びていくのです。逆に関わり方いかんでは、子どもの非認知能力を引き出すどころか、その芽生えを抑え込んでしまいます。

　どのような関わりが、非認知能力を引き出し、どのような関わり方が非認知能力を封じ込めてしまうのかを次に示してみました。

非認知能力を
引き出す
関わり方

1 肯定的な
言葉をかける

　「できたね」「いいね」「やったね」……、なにかをするたびに、また、ひとつのことができるたびにそんな言葉をかけていくと、子どもは承認欲求が満たされ、「自己肯定感」が高まります。「やる気」や「もっとがんばろうとする力」が湧き出て、「挑戦意欲」も出てきます。

2 触れる

子どもは、おんぶや抱っこはもちろん、指切りやハイタッチをするだけでも笑顔になります。それは、その都度、自分が愛されていることを感じるからです。ヘックマン博士は研究の中で、親への愛着（アタッチメント）に注目し、それが募るほど、意欲やがんばる力といった「やる気」を引き出すと言っています。なにかができたときには、言葉+ハイタッチや頭をなでるなどスキンシップを取ることで、親への愛着は深まり自己肯定感も高まっていきます。

3 見守る

なにも言わず、ただそばで見守るだけ……、一見なにもしない消極的な関わりと思われるかもしれませんが、それを実行するのはとてもむずかしいものです。見守りはその相手のことを肯定的に見る人しかできない行為で、ただ見守るだけでも、子どもは承認欲求を満たし、親への信頼感を募らせていきます。

非認知能力を
引き出す
関わり方 4

助言する

「こうすればどうなるかな？」「こんなのはどう？」……、親の経験や知識からくるちょっとしたアドバイスやヒントがあると子どもの遊びはどんどん広がり、成功体験が広がっていきます。

これはNG！
非認知能力のブレーキになる
関わり方

否定的な言葉をかける

「なにしてるの！」「ダメねぇ」「違うでしょ」「またぁ」……遊んでいる最中にそんな否定的な言葉をかけると、子どもは自信を失い、やる気もなくなっていきます。その遊び自体をやめてしまうこともあり、自己肯定感もどんどん下がっていきます。

余計なことを言う

「またそんな遊びをして」「いつまでやっているの」「勉強もそれくらいしてくれたらね」……子どもの遊びを見守るどころか、すぐに余計なことを言ってしまうことがあります。そんな言葉は子どもの成長のすべてのブレーキになっていきます。そんなことを言うくらいならば、なにも言わない、なにも関わらないほうがまだ子どもは伸びていきます。

PART 1

表現力を養う遊び

「表現力」を身につけておくと、
人とのコミュニケーションが豊かになります。
自分をよりよく演出できるようになります。
遊びを通して、「表現力」を養っていきましょう。

言葉で表現する遊び

自分の気持ちや感情を相手に伝えるには言葉が一番です。それは、「あっ」というような驚きの言葉でもよく、「え〜、なんで〜」などの感想のような言葉でもいいのです。

表情で表現する遊び

喜怒哀楽の感情が起こったとき、うまく言葉で伝えにくい幼児は、「泣く」「笑う」「困った顔をする」ことによって伝えています。それらが自然に出てくる遊びは子どもの表現力を引き出します。

表現力 が 育つ遊びって どんなもの？

書くことで表現する遊び

文や文字を書くことは、自分の心の中のなにかを伝える作業です。長い文を書く必要はありません。「ありがとう」の5文字だけでも、100文字分の力をもっています。

描くことで表現する遊び

子どもは、心の中を絵で表現することが得意です。うまい下手は関係ありません。〇をたくさん描く、真っ黒に塗りたくる……、それだけでも子どものいろんな気持ちが表れているのです。

表現力を育てる親の関わり方

1

ありのままを
受け止める

子どもが表現したものは、すべてありのまま受け止めることで、子どもの気持ちや心の中の様子が理解できるようになります。子どもの姿、行動、言葉……、すべてを肯定的に受け止めることが大切です。

2

認める言葉を
かける

「うまくできたね」「うわぁ、いいねぇ」「カッコイイ！」。それが表情であれ言葉であれ、子どもが表現したものを認めたことが伝わる言葉をかけると、子どもの表現力をさらに引き出していきます。

3

否定しない

子どもが表現したものに対して否定的な見方をし、思ったままの言葉をかけていくと、子どもの表現力は抑え込まれ、表現すること自体をやめてしまうこともあるので注意が必要です。

黒いキャンバス

クレパスで真っ黒に塗った画用紙に絵を描くと……。あらあら、描いた線がくっきりと出てきて、とてもファンタジックな絵になったよ。

遊びの効力 | 子どもの絵の中には必ずなにかメッセージが含まれています。もしもママの絵を描いたなら、「ママ、大好き！」というメッセージなのです。

遊び方

1 画用紙の全面を、黒いオイルパステルで塗りつぶす。
2 割りばしの先で絵を描く。
3 描いたところだけが白くなり、不思議な絵のできあがり。

ポイント

- 紙は、ハガキから週刊誌くらいまでの大きさがベスト。大きすぎないようにしましょう。
- 黒く塗るときにできるだけ塗り残しのないようにすると、よりきれいな絵が浮かび上がります。

封筒で人形劇

目や口を描いた封筒の中に手を入れるだけで、よく動く手作り人形ができあがります。
「こんにちは！」「イヤだよ〜」。即興の人形劇を楽しみましょう。

> **遊びの効力**　このような人形で遊ぶときは、それがそのまま自己を表現する場となっています。

遊び方

1 手のひらが入るサイズの封筒を用意し、下部を切り落とす。
2 封筒に目、鼻、口を描いて、好きな動物の顔にする。
3 あっというまに封筒人形のできあがり。中に手を入れて動かす。

ポイント

- 目や耳などは別の紙でパーツとして作って貼ると、立体感がでます。
- 封筒の横に穴をあけ、そこから指を出して操ると本格的な手踊り人形に。
- 封筒を横にして手を入れてパクパクさせると、魚や両生類の人形ができますよ。

イエス・ノークイズ

頭の中で思ったものを当てていくクイズ遊び。子どもが出題者側になったときも、イエス・ノーを言うだけでいいので、4歳くらいから楽しく遊べます。

遊びの効力 「大きい」と言われれば大きなものを想像し……と、まさに想像力がものをいう遊びです。

遊び方

1 問題を出す人は、頭の中になにかを思い浮かべる。
2 当てる人は「それは大きいですか」などとたずねていき、相手はそれにイエス・ノー（はい・いいえ）で答える。
3 当たったら、出題者と回答者を交代する。

ポイント

- 「乗り物」「動物」などある程度のジャンルを決めておくと、お互い出題しやすくなります。
- 質問の仕方は案外むずかしいので、子どもには先に出題者側になってもらうといいですよ。

モノマネ大会

モノマネをしようと思うと、普段からよく観察をしておかないとむずかしいもの。子どもはマネがうまいものですが、それだけ観察力が鋭いということですね。

遊びの効力 相手によくわかるように伝えるには表現力が必要。モノマネ名人はすばらしい表現力を持っています。

遊び方

1 犬、ネコ、ニワトリ、ねずみ、へびなど、モノマネしやすい動物を紙に描いてカードにしておく。

2 目をつぶってカードを引き、それを自分だけが見る。

3 そのカードの動物のマネをし、相手（当てる人）はそれを見てその動物はなにかを当てる遊び。

ポイント

- 「野球」「テニス」「ボウリング」とスポーツのジャンルにし、そのアクションで当て合うのも楽しくなりますよ。
- 慣れてきたら、家族、友だちなど人のジャンルを入れていってもおもしろいです。
- 何秒で当たったか、1分間でいくつ当たったか、などで勝敗を競うのもいいでしょう。

野菜スタンプ

輪切りにした野菜でスタンプ遊びをしましょう。ペッタンペッタン、とても楽しいスタンプ遊びができますよ。どんな模様になったかな？

遊びの効力｜スタンプ遊びは個々の表現力の違いによって、できた形や模様には個性が表れます。

室内遊び

作り方

1

お皿の上に絵の具と水を1対3くらいの濃度で溶き、よくかき混ぜて、インクを作る。

2

その上に折りたたんだガーゼを置くと、インクをつけるときに絵の具が飛び散らず、きれいに押せる。

遊び方

1 レンコン、おくら、ニンジンなど、いろんな野菜を輪切りにする。
2 濃いめに溶いた絵の具をお皿に入れ、インクを作る（作り方1、2）。
3 紙の上にペッタンコとスタンプを押すと、きれいな模様のできあがり。

ポイント

- 数種類の色のインクを用意すると、自然に色が混じり合い、新しい色ができあがります。
- 紙は水分をよく吸う和紙が最適ですが、画用紙でも大丈夫です。
- ニンジンなど切り口が平面の野菜は、お箸などで彫るとおもしろい形になりますよ。

セロファンめがね

紙コップとセロファン紙でかんたんに作れるめがねです。ちょっとのぞいてみると、そこはまるで別世界。不思議な色の世界が広がります。

遊びの効力　「いろんなものを見たい」「どんな風に見えるかな」などは、すべて自己の好奇心の表現です。じっくり見せてあげましょう。

色の世界…

きれい！

作り方

1 —

カット

2 —

遊び方

1 紙コップの上から1〜2cmのところを切って、輪っかを作る（作り方1）。

2 1に好きな色のセロファン紙を貼りつける（作り方2）。

3 めがねにしてのぞいたり、光を当てて影を映したりして遊ぶ。

ポイント

- 違う色のセロファンでもうひとつ作り、双眼鏡のようにしてのぞくとおもしろいよ。
- 懐中電灯を当てて壁に映すと、きれいな色の光が壁に映ります。

おしゃれな貝探し

潮干狩りで見つけたアサリ。よ〜く見ると、模様がそれぞれ全部違います。そんな不思議さを知ることができる遊びです。

遊びの効力　貝の模様を伝えることで、イメージを言葉で表現しようとする力がついてきます。

遊び方

1 集めた貝の模様を、ひとつひとつじっくり観察する。
2 その模様を、自分の言葉で表現してみよう。「波みたい」「シマシマ模様」「お目目みたい」「あ、模様がない」と、いろんな発見があるはず。

ポイント

- 貝の大きさや色でグループ分けをしたり、大きさの順に並べたりするのもおもしろいですよ。
- その模様で「おしゃれ大賞」「地味で賞」など、コンテストをするのも楽しい！

お絵かきリレー

前の人が描いた絵を見て、次の人が同じ絵を描きます。なんの絵を描いているのか知らずに描いていると、少しずつ変わっていくのがおもしろいところ！

絵は自己表現のひとつです。それがなにかわからなくても、なにかを表現しないといけないのがこの遊びのおもしろいところです。

遊び方

1 4人以上で遊ぶ。最初の人は次の人の目の前で、なんでもいいので絵を描く。

2 2人目の人は、3人目の前でそれと同じ絵を描く。

3 次の人も同じ絵を描いてその次の人にリレーし、最後の人がそれがなんの絵か当てるゲーム。

ポイント

- たとえばひとり目が傘を描いたのに、2人目はそれがなにかわからないまま次の人にそれらしき絵を描き、最後の人にはもう全然違う絵になっていたりする楽しいゲームです。

- 小さな子どもが参加していると、そこで全然違う絵になることが多く、盛り上がります。

変身お絵かき

クルクルッと絵が回ったと思ったらあら不思議、まったく違う絵に大変身！ 笑顔が
泣き顔に、小さなケーキが大きなケーキになどいろんな変身を楽しんで。

遊びの
効力

2枚の絵で「表現したいこと」を、まず考えてから描くと楽しいものができあが
りますよ。

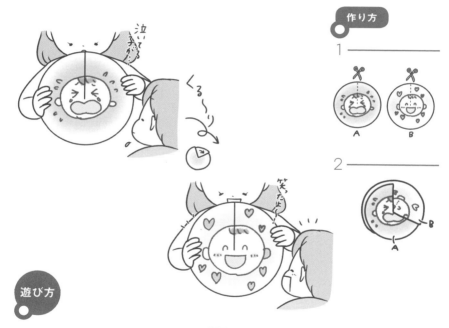

作り方

1

2

遊び方

1　紙皿か、厚紙で同じ大きさの円を
　2枚用意する。変身させたい姿（ビ
　フォーとアフター）の絵をそれぞ
　れに描き、2枚とも円の中央に向
　かって切る（作り方1）。

2　2枚を重ねたまま円に回し、その
　切り込みから後ろの絵が表に出て
　くるようにする（作り方2）。

ポイント

- 逆方向に回してもとの絵に戻すと、より楽
　しくなっていきます。
- 絵は、変身したことがはっきりわかるよう、
　ビフォーとアフターが対照的な絵を描くと
　楽しくなります。

砂浜に大きな絵

ムムッ！ 砂浜に怪しい巨大な絵。もしかしたら宇宙人が描いた絵かな？ 砂浜に大きな模様や絵を描いて、なんの絵か当てあいっこしましょう。

遊びの効力 開放的で、表現力が豊かな子どもほど、大きな絵を描くことができます。

遊び方

1 砂浜をキャンバスに見立て、5m四方くらいの範囲の中に、大きな絵を描く。
2 なんの絵か、まずはすぐそばで当ててもらい、わからなければ少しずつ下がって見てもらう。

ポイント

- 絵は、渦巻き、星、ハートなど、かんたんな絵でもOK。すぐそばで見るとなんの絵か案外わからないものです。
- やや遠く離れたところから撮って、記念に写真に残しましょう。

かんたん！パクパク人形

パクパク音を立てながらお口もパクパク……。うわぁ、おもしろ〜い！ 紙1枚で作れるとっても楽しい人形です。

子どもは表現力が豊かなので、この人形で遊ぶときに自然となにかセリフが出てきます。

作り方

1

2

こんにちは！

こんにちは！

遊び方

1 厚紙を3つ折りにする（作り方1）。

2 その真ん中を谷折りにし、さらにその真ん中を山折りにする（作り方2）。

3 指が入る穴ができるので、そこに指を入れてパクパクさせて遊ぶ。

ポイント

- フェルトペンで目や鼻を描いて、顔にすると楽しいですよ。
- 別の紙で目や耳や舌を作り、セロテープで貼ると素敵な人形になります。

牛乳パックでパクパク人形

牛乳パックで、お口がパクパク動く楽しい人形がかんたんに作れます。カエル、ペンギン、ひよこなど、ちょっとした工夫でいろんな動物に変化します。

遊びの効力

口が大きくパクパク動くことで子どもの「いたずら心」が刺激され、なにかにかみつくことでその気持ちを表現しようとします。

作り方

1

カット

2

開く

折る

3

カット

遊び方

1 牛乳パックをハサミで半分に切り、対角の2辺も切る（作り方1）。

2 底面を斜め半分に折り返す（作り方2）。

3 顔の形になるように上部を切る。紙で目玉を作って貼ると、口がパクパク動く動物人形が完成（作り方3）。

ポイント

• 目などのパーツは切り取った牛乳パックで作りましょう。

• カエルなら緑の、ひよこなら黄色の色紙を顔の全面に貼るととてもかわいくなりますよ。

木の形に変身!?

子どもはマネっこをするのが大好きです。でも木のマネをするなんて初めてかもしれませんね。うわぁ、よく似ている……ん!? きのせい？

遊びの
効力
表現力の違いで、同じ木をマネしても全然違うものになっているのが楽しいところです。

うちの子たちの表現が…
すばらしい!!!

遊び方

1 たくさん木があるところを選ぶ。
2 マネをする人は、その中にある1本を決め、その木の形をマネする。
3 まわりの人にどの木のマネをしているかを当ててもらう。

ポイント

- 木は一見同じように見えてすべてが違うことに気づかせ、個性の大切さを伝えましょう。
- 大人が木のマネをして子どもに当てさせるときは、わざと変なマネをし、正解が出なければ「答えはこの草！」と真下を指さすとウケますよ。

サイコロ百面相

笑った顔や泣いた顔、振ったサイコロで出た表情をマネします。「うぇ～ん」「プンプン」と声も出して楽しみましょう。

遊びの効力	絵と同じ表情をしようとする中で、表現力が身についていきます。

遊び方

1　サイコロの6面に「笑顔」「泣き顔」「怒った顔」「困った顔」「変な顔」「すごい顔」を描いた紙を貼る。

2　サイコロを振って、上面になった顔をその場でマネする。

ポイント

- サイコロは、厚紙の上に6個の正方形をイラストのような配置で描いて切るとすぐに作れます。
- 表情は、ひょっとこのような口にするなど、自分で考えた顔でもかまいません。

カラフル影絵

自分の描いた絵が、幻想的な影絵になって壁に映し出されます。いろいろな影絵を作って、ストーリー仕立てにしても楽しいですよ。

遊びの効力 どう描けばどう映るかがわかりだすと、表現力を発揮し、描き方や塗り方に工夫が見られるようになります。

作り方

1

2

3

遊び方

1 紙コップの底を切り取る（作り方1）。

2 ラップに油性フェルトペンで絵を描き、紙コップの片方の口を覆って輪ゴムかテープでとめる（作り方2、3）。

3 2に懐中電灯を入れ、部屋を暗くして壁に映すときれいな影絵ができる。

ポイント

- フェルトペンの色がそのまま映るので、いろんな色で描くとカラフルな影絵ができますよ。
- 懐中電灯をラップから離したり近づけたりすると影の大きさも変わります。

光をつかまえろ

子どもにとって動く光はとても不思議で、まるで生きているようで、ついつかまえたくなるようです。どこまでも光を追いかけ、つかまえようとします。

遊びの
効力

子どもは動くものは追いかけるという習性があります。「追いかける」という行動は大切な自己表現のひとつです。

遊び方

1 部屋を暗くして懐中電灯をつける。壁に近いところから、壁に光を映してゆらゆら動かす。

2 子どもが光を触りに来たら、光をすばやく移動させる。

ポイント

- 光を動かすときは、ゆっくり、早く、と変化をつけましょう。子どもは笑いながら追いかけます。
- もし家にあれば、レーザーポインターを使うととてもおもしろいですよ。

いろんなものに大変身

「あ！ネコちゃんがゾウさんになった」「今度はワニさんに変身したぞ」。単純な形の紙が、次々に変身していく楽しい遊びです。

遊びの効力　「なにかを表現したい」という気持ちが強くなるほど、いろんなものができてきます。

遊び方

1 白い紙を切って、イラストのような10種類の形を作る。

2 その10種類の中からいろんなものを組み合わせて、思いつくものを作る。

ポイント

- 組み合わせ方を工夫したりパーツを追加したりして、たくさんの形を作りましょう。
- 最初はこのページにある形を参考にして作ってください。そのあとは同じものを見ないで作ったり、自分のイメージだけで作ったりしましょう。

細長い紙でなに作る？

「おうちができた！」「これは、イスだよ」。**細長い紙を並べたり交差させたりしながら**
「なにか」を作っていく遊びです。

遊びの
効力　目の前にあるのは、細長い紙だけ。想像力と表現力を駆使して、いろんな形ができあがっていきます。

たんぽぽできた！

おうち！

ほかにも…

テーブル　　イス

遊び方

1 コピー用紙やチラシなど1枚の紙を同じ方向に切って、8〜10枚の細長い紙を作る。

2 その紙だけを組み合わせ、思いつくままいろんな形を作る。

3 作った形がなにかを当て合いする。

ポイント

- 10本以上あると星型など、やや複雑なものも作れ、レパートリーが広がります。
- メモ帳など小さな紙でも、逆に大きな紙でも同じ遊びができますよ。

そと遊びに持っていくもの

そと遊びにあると便利なグッズをピックアップして紹介します。
必要なものをそろえて、安全に、快適にそと遊びを楽しみましょう。

持っていると安心
基本アイテム

公園、海、山など、どんなそと遊びでも共通して持っておいたほうがいい必需品です。

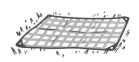

● レジャーシート

公園などの近場から、海や
野外イベントなどの遠出ま
で、持っていると安心です。
そとでちょっと休憩したい
ときに活躍します。

● 水筒&お菓子

熱中症対策のためにも、こ
まめな水分補給を。小腹が
空いたとき用に、ちょっと
したお菓子も持っていきま
しょう。

● 帽子

夏だけでなく、そとで遊ぶ
ときには帽子をかぶる習慣
をつけましょう。首もとが
焼けないように、日よけ付
きの帽子がおすすめ。

✚ プラスするならこれ！　汚れ物対策グッズ

子どもとお出かけするときに気をつけたいの
が汚れ対策。食べ物をこぼしたり、転んで汚
れたりします。そんなときのためのグッズを
準備しておくといいでしょう。

☐ ウェットティッシュ
☐ ビニール袋
☐ お着替え一式

に持っていきたいもの

● はおりもの

水にぬれたときや日よけ、ちょっと寒いときに。着るタイプのバスタオルでもOK。

● マリンシューズ

ビーチサンダルは子どもには履きにくく、すぐに脱げるので避けましょう。スニーカーでも可。

● ペットボトルの水

飲み終わったペットボトルに水を入れておくと、手や足についた砂を洗い流すのに便利です。

● ライフジャケット

遊ぶときは浮き輪よりもぷかぷか浮いて楽しく、もしものときの安全対策にもなるのでぜひ着用を。

● 日焼け止め

海の日差しは強いもの。必ず日焼け止めを塗りましょう。耳の後ろに塗るのもお忘れなく。

● 水着関連&着替え

水泳帽は日よけになるうえ、大きく名前を書いておくと、迷子のときにも探しやすいのでおすすめ。

● ジッパー付き保存袋

汚れた服やゴミを入れるのはもちろん、拾った貝がらや石を持ち帰りたいときに重宝します。

● 防水・防塵 スマホケース

1日ビーチにいるだけでも砂がたまるので、専用のケースに入れたほうが安心。

山 に持っていきたいもの

● 虫除け対策グッズ

こまめに虫除けスプレーを。黒っぽい服はスズメバチにおそわれやすいのでカラフルな色を着用。

● 長そでの服

夏でも日陰は涼しいこともあるので、必ず長そでの服を持っていきましょう。虫除けにもなります。

● 長ズボン

ダニや虫、葉っぱで足をケガする可能性があるので必ず長ズボンで。靴はスニーカーにしましょう。

そと遊び で気をつけること

>>>
子どもの安全に
常に気を配って

自然のなかで思いっきり体を動かして遊ぶのは楽しいもの。でも、室内とは違って危ないこともたくさんあります。必ず大人がつき添って、安全に気を配りましょう。

服装

季節に合わせた服装を心がけましょう。ただし、子どもは汗かきです。冬だからといって厚着をさせすぎないように注意。帽子はかぶるようにしましょう。

時間

午前中、お昼ごはん前がおすすめです。とくに夏は熱中症が心配なので、気温が高い時間帯は避けてください。

熱中症対策

水筒やペットボトルを持ち歩き、こまめに水分補給をしましょう。涼しい場所で休憩をとりつつ、むりせず遊ぶようにします。

遊ぶ場所

遊ぶ場所に着いたら、大人が下見をして安全確認をします。大人と子どもでは目線が違うので、子どもの目の高さでチェックを。

PART 2

身体能力を養う遊び

人生をよりよく生きるためには、
身体面のいろいろなスペックを伸ばしておくことが大切です。
遊びを通して、さまざまな「身体的能力」を
アップさせていきましょう。

全身を使う遊び

「走る」「跳ぶ」を主とする全身を使う遊びは、体を強くし基礎代謝をアップさせていきます。それは脳の働きの活性化にもつながり、さまざまなメンタルな力も伸ばしていきます。

手を使った遊び

「手は突き出た脳」といわれるように、手を使うたびに脳は活性化されます。手を使う遊びはさまざまな非認知能力を引き出し、最大限に伸ばしていきます。

身体能力 が 育つ遊びって どんなもの？

指先を使う遊び

ねじる・回す・破る・つまむ・押さえるなど、指先の細かな動きはさまざまな遊びで求められます。とくに3〜4歳のころは、指先を使う遊びを多くすることで脳が発達し、あらゆる力が伸びていきます。

五感を使う遊び

視覚・聴覚・嗅覚・触覚・味覚の、いわゆる五感を育てることは、豊かな生活を送る上でとても大切なことです。それらが刺激される遊びをするとどんどん研ぎ澄まされていきます。

身体能力を育てる親の関わり方

1
励ます

どんなスポーツでも、人からの応援や励ましがアスリートの最大限のパフォーマンスを発揮させることがわかっています。それに応え、がんばろうとする力が出てくるのです。

2
援助する

さまざまな身体能力が未発達な子どもは、なにかと「うまくできない」ことが多いもの。陰からそっと援助し、「できた」の気持ちを味わうことで、自分に自信がついていきます。

3
ほめる

うまくできたときは、「できたね」「速かったね」「高く跳べたね」などとほめていくことで挑戦意欲が引き出され、できなかったものができるようになってきたりします。

ひらひらキャッチ

ひらひらと木の葉のように落ちるティッシュペーパー。あ〜、ティッシュが動き回ってキャッチできないよー！下に落ちるまでにうまくキャッチできるかな？

遊びの効力 　紙が落ちる様子を見ながら瞬時に次の動きを予測する力と、動体視力が養われます。

遊び方

1　ひとりが1枚のティッシュを、頭上からひらひら落とす。

2　相手は、ティッシュが地上に落ちるまでにキャッチする。

ポイント

- より高いところから落とすと、落ちるまでに時間がありキャッチしやすくなります。
- 1枚キャッチできるようになったら次は2枚を同時に落とし、「両方キャッチ！」に挑戦しましょう。

新聞フリスビー

とってもよく飛ぶ本格的なフリスビーが、新聞紙1枚で作れます。体に当たっても痛くなく、なにかに当たっても大丈夫なので室内でも遊べます。

遊びの効力　新聞を丸める際は指の力と器用さが必要で、投げる際は手首の力が求められます。

作り方

1

2

遊び方

1　見開きの新聞紙1枚を8つ折りにし、週刊誌大にする。その四隅を紙の中心に向かってクルクル小さく丸めていく（作り方1）。

2　新しく角ができるたびに、そこからまた中心に向かってクルクル丸めていく。全体が丸みを帯びるまで繰り返したら、円周を強めに握り形を整える（作り方2）。

3　面を上にして持ち、手首のスナップを効かせて水平に放り投げる。

ポイント

- 「いくよ～」と声をかけ、相手がキャッチしやすいところをめがけて投げましょう。
- 最初は2mくらい離れて行ない、少しずつ距離を伸ばしましょう。
- うまく飛ばないときは、投げ方や投げる方向をアドバイスしてあげてくださいね。

グラグラしないかな?

「命!」のポーズ、流行りましたよね。命ポーズをとったまま体を動かさないでいるのはじつはとてもむずかしく、動くのをがまんすることで、いろんな力がつきます。

遊びの効力 体のバランスを取る力がつくとともに、体幹も強くなります。集中すればするほど動かなくなるので集中力をつけたいときにはうってつけの遊びです。

遊び方

1 「いのち!」と言って、目を開けたまま漢字の「命」のポーズをとる。
2 最初に動いてしまったほうが負け。
3 かんたんにできるようになったら、目をつむったままで行なう。

ポイント

- 「いーち」「にぃー」と数え、何秒動かないでいられたかで競うのも楽しいですよ。
- 毎日行なうと集中力がつき、目に見えて動かなくなってきます。

室内遊び

新聞ずもう

細長い新聞紙を絡ませて「はっけよ〜い、のこった！」。大人と子どもが勝負しても、大人が勝つとは限らない楽しい遊びです。

遊びの効力 ｜ 紙を破る作業はちょっとした指先の器用さが求められます。引っ張り合う際は、指先の微妙な力加減が必要です。

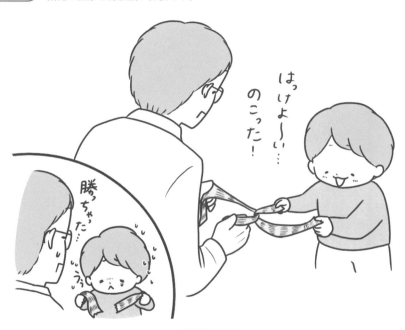

はっけよ〜い…のこった！

勝っちゃった…うぅ

遊び方

1 細長く破った新聞紙を、相手の新聞紙と絡ませて持つ。
2 「はっけよ〜い、のこった！」の掛け声とともに引っ張り合い、破れなかったほうが勝ち。

ポイント

- 2回戦、3回戦と行ない、勝率を争います。
- 3人以上の場合はリーグ戦で行なうと楽しくなります。
- 紙は縦の方向に破ると、きれいに破れます。
- 新聞紙の代わりにチラシや広告でも遊べます。

おうちでボウリング

ピンの代わりに500mℓのペットボトルを6本並べ、新聞ボールを転がしてストラ～イク！ ホームボウリングを楽しみましょう。

遊びの効力 | 本物のボウリングのようにボールを投げるうちに、コースやボールのスピードをコントロールする力がつき、ストライクの数が増えだします。

作り方

1

新聞紙（大きめの広告紙でも可）見開き1枚を、両手でおにぎりを作るように丸める。

2

できるだけ小さくしたらテープで十字にきつく巻いて形を整えて、新聞ボールの完成。

遊び方

1 新聞紙でボールを作る（作り方1、2）。500mℓのペットボトル6本を、正三角形になるように並べる。
2 ボールを、少し離れたところから転がし、ストライクやスペアを狙う。

ポイント

- ペットボトルは約10cm離して並べます。並べる場所にシールを貼っておくと便利です。
- 大人と子どもが遊ぶときはハンディをつけ、子どもはより近くから投げさせましょう。

おうちで玉入れ

新聞ボールをたくさん作って、パパやママが持ったかごやバケツをめがけて玉入れ遊び。かごを持ったまま移動すると入れにくくなり、盛り上がりますよ。

遊びの効力 | 狙ったところに向けて投げるコントロール力が身についてきます。

入るかな？

いくぞ〜！

サッ

避けたら怒るかな…

遊び方

1 新聞ボール（p.52参照）を作る。
2 ひとりはかごかバケツを持ち、もうひとりはそこにめがけてボールを投げる。

ポイント

- 新聞ボールを作るときに力を入れて強く握ると、小さくて固いボールになります。
- かごを持っている人は少しずつ移動して、難易度をアップします。

自然発見マップ

葉っぱにどんぐり、お花に草、小さな自然は案外身の回りにたくさんあります。身近な場所にある自然を持ち帰り、自分だけのご近所マップを作りましょう。

遊びの効力 この地図を作ることを目的としたご近所散策を楽しみ、たっぷり歩きましょう。

遊び方

1 どんぐりや葉っぱなど、散歩中に見つけた小さな自然を持ち帰る。

2 大きめの紙にかんたんな地図を描き、見つけた場所にテープでどんどん貼る。自然物を通した、ご近所のネイチャーマップの完成！

ポイント

- 「どこにあったかな」「ここを曲がったらあったよ」など、地図作りを通して、親子の会話を楽しみましょう。
- 完成した地図は壁に貼り、いつでも見られるようにしておきましょう。

しゃがみオニ

しゃがんだので「これで大丈夫」と思ったら、「1、2、3……」と目の前でオニがカウントしだします。「大変、また逃げなくっちゃ!」と、スリル満点です。

遊びの効力　オニごっこ遊びは持久力を要する遊びです。立ったり座ったりも多くなるこのオニごっこは、子どもと行なうと大人のほうが先に疲れます。

鬼さんこちら〜

タロちゃん逃げろ〜!

1、2、3…

遊び方

1　まずオニを決め、オニは10秒数えてから追いかける。
2　逃げるほうは、しゃがんでいる10秒間はつかまることがない。オニが10秒数え終わる前に、立ち上がって走って逃げる。
3　つかまったら、オニを交代する。

ポイント

- 数える10秒は、わざとゆっくり数えたり早めに数えたりすると、盛り上がります。
- 子どもは逃げ切ったとき、つかまえたときに楽しさを感じます。できるだけその快感を味わえるようにしてあげましょう。

棒高跳びに挑戦

子どもは「走る」「回る」「ジャンプする」の動きをするときは必ず笑顔になっています。
その「ジャンプ」の楽しさがたっぷり味わえる遊びです。うまく跳び越えられたかな？

遊びの
効力

自然にジャンプ力がついてきます。ジャンプ力はつけばつくほど、速く走れるようになります。

遊び方

1 新聞紙や大きめの広告を丸めて長
めの棒を作り、テープでとめる。

2 大人は適当な高さになるように棒
を持ち、水平を維持しながらゆっ
くり左右に回す。

3 子どもは棒が目の前にやって来た
タイミングでジャンプし、棒を跳
び越える。

ポイント

• 棒を動かす場所は、最初は低めにして徐々
に高くします。

• 回す人は棒と一緒にグルグル回ると、子ど
もは大喜びしますよ。

ファミリーおしくらまんじゅう

ファミリーでできるおしくらまんじゅうです。「おーしくらまーんじゅう」と歌いながら、パパもママも子ども時代にタイムスリップして遊びましょう。

遊びの効力 体の均衡を保とうとして、押された力と逆方向に向けて力を入れたり、踏ん張ったりする力がつきます。

円の形を変えても…

細長く

とっても小さく

遊び方

1 参加する人数に合う円をひもやリボンで作り、床の上に置く。
2 みんな円の中に入って、腕組みしながら、「おしくらまんじゅう、押されて泣くな」と歌いつつ、背中やおしりで押し合う。
3 円の外に押し出された人が負け。

ポイント

- 円の形を楕円形にしたり、三角にしたり、変化させてもおもしろいです。
- 子どもは両足、大人は片足が出たら負け、とハンディをつけるのもいいですね。

ちぢんでじゃんけん

負けるたびに体を縮め、不自然な体勢のままでじゃんけんぽん！ もうダメ、倒れちゃう……！ その様子がおもしろく、自分も相手も思わず笑ってしまう遊びです。

遊びの効力 不自然な体勢を維持するのは疲れるものです。足腰もずいぶんきたえられますよ。

遊び方

1 向かい合ってじゃんけんをし、負けたら体を少し縮ませる。
2 そのままの体勢でじゃんけんをして、負けたらさらに体を縮ませる。
3 思わず足を動かしたり、倒れてしまったりしたら負け。

ポイント

• テンポよく、どんどんじゃんけんをしましょう。
• どっちがより小さくなれるかを競っても楽しくなります。

しずく運びリレー

そろーっと、そろーっと……。あぁ、こぼれちゃう！ 葉っぱの上に置いたお水をこぼさないようにして次の人の葉っぱにリレーしていく遊びです。

遊びの効力 うまく移すためには、神経を手に集中させ、それ以外の体はできるだけ動かさないようコントロールする力が必要です。

がんばれ！

おっと

いくよー！

しずく移動中!

遊び方

1 大きめの葉っぱを人数分用意し、各自持つ。
2 ひとり目の葉っぱの上に水を2〜3滴（1mℓ程度）置き、次の人の葉っぱの上にこぼさないようにし水を移す。
3 最後の人まで1滴もこぼさないようにして運ぶ。

ポイント

- 慣れてきたら運ぶ水の量を増やしましょう。多くなるほどむずかしくなります。
- 葉っぱの大きさや形で大人と子どもでハンディをつけるとぐっと楽しくなります。

お水のソムリエ

「ん？ この水はすこーししょっぱいぞ」「この水はちょっと甘いかなあ……？」利き酒ならぬ利き水遊びをしましょう。味覚が研ぎ澄まされていきますよ。

遊びの効力　全神経を舌に集中させるため集中力が養われ、味の違いを見分ける味覚も発達します。

 遊び方

1 3つのコップにミネラルウオーターを注ぐ。
2 ひとつはそのままの水、ひとつには微量の砂糖を、ひとつには微量の塩を入れる。
3 ひと口ずつ飲んで、なにが入っているか（入っていないか）を当てる。

ポイント

- 当たったら「ピンポーン！」、外れたら「ブブー！」と大きな声で言うと盛り上がります。
- ミルク、ジュース、コーラなどを少し入れて、なにが入っているかを当てるのも楽しいですよ。

海の上でプカプカ

「海の上であおむけになっていると、空中に浮かんでいるようで気持ちいい……」。ライフジャケットやペットボトルを使って、体が浮くことを体感する遊びです。

遊びの効力

ライフジャケットを身に着けていても、水の上に寝そべると体のバランスを取ろうとする力が自然と働きだします。

気持ちよさそう

プカ

プカ

遊び方

1 ライフジャケットを着て、そのままあおむけにそうっと海の上に寝そべる。

2 または1.5ℓの空のペットボトル2本をラッコのようにおなかの上で持ち、海の上に寝そべる。

ポイント

- 怖がる子どもには、最初は水深30cmくらいのところで行なうようにしましょう。
- 溺れそうになったときは、ライフジャケットやペットボトルがあれば助かることを伝えましょう。
- 浮き輪よりもライフジャケットのほうが安全なうえに、楽しく遊べますよ。

ぐるぐるオニごっこ

畳2枚のスペースがあればできるオニごっこ。オニごっこの醍醐味といえる、「待てー!」「つかまっちゃう!」のふたつが2人同時に味わえます。

遊びの効力 遠心力に負けないよう走りながら、「逃げる」「追いかける」を同時に行なうのでかなりの走力と持久力が必要な遊びです。

遊び方

1 大人の両手に子どもがそれぞれ右手で手をつなぐ。

2 大人がその場でクルクル回ると子どもが外側を走る形になり、走って相手の体をタッチしたほうが勝ち。

ポイント

- 早く回しすぎると自分の目が回るので、最初はゆっくりにします。
- 手の力の入れ具合で、子どもが走るスピードのコントロールが可能です。弟(妹)をちょっとお助け、などができます。
- 目が回らないよう、一回終わるたびに回る方向を変えて行ないましょう。

足の間をジャ〜ンプ！

パパやママが開いた足をジャンプしてこえていく遊びです。ジャーンプ！ あ、ごめんね、パパ、踏んづけちゃった？

遊びの効力　連続ジャンプを行なうことで、かなりのジャンプ力と体力がついてきます。

遊び方

1. 大人は、床の上に足を広げて座る。
2. 子どもはその2本の足をぴょんぴょんと跳び越える。
3. ジャンプしながら方向転換をし、何度も間を跳び越える。

ポイント

- 開いた足の真ん中に子どもを立たせ、大人は足を閉じたり開いたりし、そのリズムに合わせて子どもも足を開いたり閉じたりしながら跳んでも楽しいですよ。
- ジャンプするときに「ぴょん」「ぴょん」と声を出しながら行なうとリズムよくできます。

波の中をかけっこ

波打ち際で走ると、走りやすいようで走りにくい、なんとも不思議な感覚で、思わず笑顔に！ 海辺をみんなで走るその姿はまるで青春ドラマ!?

遊びの効力 砂浜走りは足腰を強くするので、スポーツマンもトレーニングの一環でよく砂浜を走っています。

遊び方

1 まずは波打ち際の、水の深さが10cmくらいのところを走る。
2 うまく走れるようになったら、もう少し深い（20cmくらい）ところを走ってみよう。

ポイント

- 膝を大きく曲げて、足を横に跳ね上げるようにすると速く走れます。
- 水深が深いほうが走りにくいので、かけっこをするときは小さな子どもは浜側を走るようにしましょう。

プチプチですべり歩き

お部屋の中をシュー！シュー！と、移動します。まるでローラースケートですべるような、不思議な感覚を味わえる遊びです。

遊びの効力	体のバランスを取って転ばないようにするときには集中力が必要です。座った状態から立つときは足腰の力を要します。

遊び方

1 週刊誌大に切ったエアキャップシートを2枚用意する。

2 平面側（凸ではないほう）を上にして置き、その上に乗ってカニさんのように横歩きをする。

3 しゃがんだままで両手を引っ張ってもらうと、スリル満点の水上スキー遊びが楽しめる。

ポイント

- 足はシートから離れないようにし、スライドさせるように移動するのがポイントです。
- 3で遊ぶときに、しゃがんだ状態からそのままそっと立つようにすると、本当の水上スキーのような感覚を味わえます。

落ちてきたのは？

落ちてきた物体は一体なんだったのか!? 見える時間はほんの瞬間。目を離さずにじっと見つめておきましょう。なにか、わかったかな？

遊びの効力 | 動くものを目で追い、それを瞬時に見定める動体視力が養われる遊びです。動体視力は将来車を運転する際にも大切です。

遊び方

1 大人は机などの後ろに立つ。机から数10cm上のところで本を持つ。本で隠れるように鉛筆や人形などを持ち、そのまま手を離して机の下まで落とす。

2 子どもは、本と机の隙間を落ちる一瞬の間に物体を見て、なんだったのかを当てる。

ポイント

- 落ちたときに音がしないよう、机の下にはクッションなどを敷いておきます。
- わからないときは、机と本の間（見える距離）を長くしましょう。見える時間も長くなるので、当たりやすくなります。

お手付き合戦

手に描いた模様を押さえるだけの、かるたに似た遊びです。「ハート！」「ハイッ！」。
パチン！ あいたた。自分で自分の手を思い切り叩いちゃった！

遊びの
効力 　耳から聞こえた言葉に手が瞬時に反応する、反射神経を養成する遊びです。

 遊び方

1 3人以上で遊ぶ（ひとりは読む係）。
両手の甲にハートや星型など、好きな模様やマークを描く。

2 両手の甲を上にしてテーブルの上に置き、読む係が「ハート」と言ったらその模様を手で押さえる。

ポイント

- 自分の手に描かれていたマークを言われた場合、押さえる手は残りの1本の手しかなく、本人がかえって慌てるところが楽しい遊びです。
- 模様やマークは、テープや白いシールに描いて手に貼るのもOKです。

触っただけでわかるかな？

手にしたもの（渡したもの）を触っただけで当てるクイズです。ムニュっとした感触のもの、動くものを手にした（渡した）ときのリアクションがとてもおもしろい遊びです。

遊びの効力 | 五感の中で子どもは触覚と味覚がもっとも発達しています。だからなんでもすぐに触ったりなめたりするのです。この遊びで、触覚がますます磨かれていきます。

遊び方

1 当てる人と渡す人に分かれ、当てる人は目をつむる。
2 渡す人は、おもちゃ、文具、人形など、当てる人になにかひとつ渡す。
3 当てる人は手の感触だけでそれがなにかを当てる。

ポイント

- 交代で行なう場合は、どちらが早く当てたかで競うと楽しいですよ。
- ハサミや鉛筆など、危険なものは渡さないようにしましょう。

タオルのそりあそび

トナカイにそりを引かれるサンタクロースの気分でリビングを疾走！ スピード感あふれる楽しいそり遊びです。

> **遊びの効力**　しっかり持つための腕の力や体のバランスを取る力など、フィジカルがかなりきたえられる遊びです。

遊び方

1 タオルの片方を丸結びでくくり、親の持ち手にする。
2 子どもは、しゃがんだ状態でタオルを持つ。
3 親は子どもと向かい合ってタオルを持ち、そのままタオルを引っ張って遊ぶ。

ポイント

- タオルは必ず両手で持たせ、離さないよう声をかけてくださいね。
- ゆっくりスタートし、子どもの様子を見ながらスピード調整をしましょう。
- 曲がったり、Uターンをしたり、いろんなコースを進むと楽しいですよ。

輪ゴム輪投げ

つまようじと輪ゴムで作るので、机の上でも遊べるコンパクトな輪投げです。的が小さい分、入れるのがなかなかむずかしいもの。入ったらうれしさ倍増です。

遊びの効力　投げるのは輪ゴムでも、投げる際のコントロール力が大切です。

遊び方

1 段ボールや発泡スチロールの板の上に、適当な間隔をあけながらつまようじを刺す。

2 刺したつまようじの下に、10点、20点と得点を書き入れる。

3 少し離れたところからつまようじめがけて輪ゴムを投げる。入った点数を競う。

ポイント

- 子どもの年齢に合わせて、近くから投げたり遠くから投げたりしましょう。
- 景品を用意し、つまようじの下にその景品の名前を書き、入ったらゲット! というのも楽しいですよ。

海辺の押しずもう

倒れても、海水がクッションになってくれて痛くないからこそできる押しずもうです。
浮力があるので、踏ん張る力やバランス力がものをいいます。

遊びの効力 | 押す力が強いことも大切ですが、体幹がしっかりしていると少々押されても動きにくくなります。

遊び方

1. 水深20〜30cmのところでお互い向き合う形でひざまずく。
2. その体勢で、手だけ使って押し合う。倒れたほうが負け。

ポイント

- 行司を決め、すもうらしく「はっけよ〜い、のこった！」と言って、始めましょう。
- 負けるとわかった瞬間は、思い切って海に倒れちゃいましょう。海水に倒れこむのも気持ちいいものですよ。

リズムしりとり

最初の文字を2回言いながらつないでいくしりとりです。そのとき同時に手を叩くと、ここちよいリズムがうまれます。

遊びの効力　言葉を考えながらリズムに合わせて手を叩くという、リズム感を養いながら頭と体を同時に使う遊びです。

遊び方

1 基本はしりとり遊びと同じ。「り・り・りんご」と、最初の文字は2回言うようにする。

2 その2回に合わせて手も2回叩く。

3 しりとりと同じく、「ん」で終わったり、言葉が出なくなったら負け。

ポイント

- 言葉に気を取られると手を叩くのを忘れ、リズムに気を取られると言葉が思いつかず、普通のしりとりでは味わえない楽しい苦労がやってきます。
- むずかしいときは、「り〜り〜りんご」とゆっくりとしたリズムで行ないましょう。

くもの巣、通り抜けゲーム

まるでくもの巣のようになったお部屋。うまく通れるかな？ ここはまたいで、ここはハイハイで……、うわぁ、ここはどうやって通ろうかな！

遊びの効力	変な体勢のままくぐったり、またいで越えたり……。運動会の障害物競走と同じような動きが求められます。

遊び方

1 廊下や部屋にひも状のものを張り巡らせる。
2 体が当たらないようにしながらうまく通り抜けよう。
3 通り抜けた速さや、ひもに当たってしまった回数で競う。

ポイント

• 張り巡らせるものは、毛糸や平テープなどが最適です。
• ところどころにガムテープも使うと、ひっついてしまうスリルが味わえて盛り上がります。

うちわパタパタ競争

うちわでパタパタあおぎながらティッシュペーパーやふうせんをゴールさせる競争遊び。とんでもないところにいったりきたりするのも楽しさのひとつ。

遊びの効力	ふうせんの行き先をコントロールするには、自分の体勢を変えながらあおぎ方を微妙に変えていかなければなりません。

遊び方

1 ティッシュペーパーやふうせんを、スタートラインに置く。

2 うちわであおぎ、どちらが早くゴールさせることができるかを競う。

ポイント

- 強くあおげば変なところに行ってしまうし、弱すぎても進みません。あおぎ加減のコツをつかみましょう。

- 大人はふたつのふうせんをゴールさせないといけない、など大人にハンディをつけると楽しいですよ。

ハンカチ落とし

パパママも、きっと一度は子ども時代に遊んだことのあるハンカチ落とし。いつの時代の子ども達にも大人気の遊びです。4人以上なら何人でもできますよ。

遊びの効力 逃げたり追いかけたりする際、遠心力に負けずに小さな円のまわりを速く走るのはむずかしいものです。

そ——っと そ——っと…

遊び方

1 オニ以外は、円になって座る。オニは、円のまわりを歩きながら、だれかの後ろにハンカチをそっと落とす。

2 落とされた人はそれを持ってオニを追いかける。オニは1周回ってその人の席に座ったら勝ち、それまでにタッチされたら負け。

3 落とされたことに気づかず1周回ったオニにタッチされたら、その人が負け。

ポイント

- 回る方向はいつも同じで、逆向きには回れません。
- 座っている人は絶えず後ろを手でなぞり、自分に落とされていないかチェックしましょう。
- フローリングで行なうときは、すべるのでくつ下を脱ぎましょう。

くるくるブーメラン

放り投げたらくるくる回りながら戻ってくるブーメラン。不思議ですよね。ポイントは、くの字になった形です。おうちでもかんたんに遊べますよ。

遊びの効力	指先をうまく扱う力が求められます。爪がブーメランの端に当たるよう、強めにはじいてくださいね。

型紙

遊び方

1 厚めの紙に図のような「く」の字を書いて切り取り、ブーメランを作る。
2 手の平の上にブーメランを乗せ、もう片方の手でブーメランの端を強めにはじく。
3 ブーメランが回転しながら飛んでいき戻ってくる。

ポイント

・ 強めにはじいて、回転を加えれば加えるほどよく飛びます。
・ いろんな大きさのブーメランを作ってみましょう。

まんまるふうせん

ビニール袋をまんまるふうせんに変身させちゃいましょう。ボールよりも軽く、ゴムふうせんよりも落ちてくるのが早いので、小さな子どもでも楽しく遊べますよ。

遊びの効力 ┃ 打ち合いのラリーが続くとけっこう体力を使い、運動量も多い遊びとなります。

作り方

1

2 きゅっ

遊び方

1 台所にあるビニール袋を用意する。袋の下の角っこを2か所、丸結びする（作り方1）。
2 中表にしてから空気を入れる。
3 空気が逃げないよう口をテープで縛ると、ハイ！まんまるふうせんのできあがり（作り方2）。

ポイント

- ビニール袋は大きくても小さくてもOK。いろんな大きさで作りましょう。
- ふうせんに油性マジックで好きな絵を描くと楽しいですよ。
- かさぶくろケット（p.118）をそのままバットにすると野球ごっこが楽しめます。

そと遊びのある1日

みんなそとではどんなふうに遊んでいるのかな？
それぞれの場所での、おすすめの過ごし方をまとめてみました。
ぜひそと遊びの参考にしてみてくださいね。

 **編**

事前に

- 友だち親子数組とピクニックを計画。遊びに行く公園を調べる。大きい公園だとWEBがあるのでそれもチェック。
- 待ち合わせ場所を決めておく。
- どんな遊具や施設があるのかも確認。水遊びができる場所があるので、水遊び道具も準備する。
- シャボン玉やボールなど、だれがなにを持っていくのか話し合っておく。

公園に到着

- 事前にLINEでグループを作っておき、みんなで連絡をしながら集合。
- 遊ぶ前にレジャーシートを敷いて、荷物を置く。太陽の動きを見て、ちょうどお昼くらいに日陰になりそうな場所にする。
- 遊具で思いっきり遊ぶ。

9:00

10:00

公園に出発

- 徒歩30分くらいの公園なので自転車で行く。
- 着替え一式や水遊び道具、水筒、お弁当、レジャーシートなど持っていくものを確認したら、出発。

12:00

ランチタイム

- 手作りお弁当派、パン屋や惣菜屋でテイクアウト派などいろいろ！

公園で遊ぶ

- 花かんむりを作ったり（p.86）、ブーメランを飛ばしたり（p.76）して遊ぶ。水遊びをして、お着替え。

13:00

15:00

帰路

- みんなでおやつを食べて休憩したら、帰る。

海 編

7:00 → ## 出発前のチェック

- 気象庁のWEBやお天気アプリなどで天気予報を確認。台風や注意報などが出てないかもチェック。
- 車で行くので、駐車場や渋滞情報を調べておく。駐車場は事前予約できるところを発見。さっそく予約。

いざ、ビーチに出発

8:00

- 持っていくものをもう一度確認したら、出発。

10:00 → ## ビーチに到着！

- 万が一のときのために、ライフセーバー（監視所や避難所）の場所を確認しておく。
- テントやレジャーシートを準備。シャワーやトイレに近い、海から見てわかりやすい（とくに子どもが見つけやすい）、満潮時にしずまない場所にする。
- ストレッチなど、準備体操。

磯遊び

- 干潮時は、いつもは海にしずんでいるところを見ることができるチャンス。海の生き物を見つけたり（p.153）、箱めがね（p.122）でのぞいてみたりして遊ぶ。

10:30

12:00 → ## 海水浴

- 海に入る前に準備運動。マリンシューズ、ライフジャケットを着たら、海遊びスタート。
- 海にずっとつからず、1時間を目安に。たまに水分補給＆おやつタイム。
- 波の中をかけっこ（p.64）したり、砂で魚を作ったり（p.96）して遊ぶ。

昼休憩

13:00

- 日に当たっているだけで疲れるので、30分はしっかり休憩。
- 午後の天気は大丈夫かな？ もう一度天気を確認。

帰り支度

14:30

- 海遊びは思っているよりも疲れているので「もう少し遊びたいな」と思うくらいで帰る準備を始める。
- ゴミを拾って、忘れ物がないか最終確認。
- 砂浜を出たらペットボトルの水で足を洗って、きれいにする。

15:00 → ## 帰路

- 帰り用のおやつを準備しておき、移動中にパクリ。
- 途中でスーパー銭湯によって、疲れをとる。これで帰ったら寝るだけ！

17:00 → ## 帰宅

- 自宅に到着！ 疲れているので今日は早めに就寝。

編

事前に

- どんな山に遊びに行くのか調査。子連れなのでロープウェイのある山に決める。
  体力に自信がないママでも安心。

出発前のチェック　○─ **7:00**

- 山の天気はくずれやすいので、必ず天気予報を確認。
- 夏でも肌寒い可能性があるので、長袖のはおれるものを用意。長ズボン、スニーカー、帽子も着用！

8:00 ─○ ## 電車で出発

- 登山口まで行ける電車に乗って行く。

ハイキングスタート　○─ **10:00**

- 登山口にしかトイレがない場合があるので、まずはトイレチェック。
- 石、枝、葉っぱ、大きな木の根っこなど自然を観察しながら、のんびりハイキング。
- 子どもの撮影用にインスタントカメラを渡す。これならもし落としてもいいし、撮影しているといつも以上に「発見」があるようで楽しそう。

12:00 ─○ ## 山頂でランチタイム

- ランチを食べたら景色を見たり、オニごっこをしたりして遊ぶ。

13:30 ─○ ## 下山開始

- 子どもの疲れ具合を見ながら、早めに下山。
- ベンチでチョコを食べたり、ちょっと休憩しながらおりる。

帰路　○─ **14:30**

- 1日遊んで疲れたので、帰る途中に夕飯をテイクアウト。

16:00 ─○ ## 帰宅

自宅に到着！　次に行くときは、歩いて登ろうと計画。同じ山に何度も登ると、子どもの成長がわかるので楽しみ。

PART 3
創造力を養う遊び

「創造力」のある人は、
なにもないところでも、なにかをつくり出します。
苦難がやってきても乗り越えることができます。
遊びを通して、「創造力」を養っていきましょう。

制約がない遊び

創造力が育つ遊びの共通点は、「なにもないところから、形あるものが生まれる遊び」ということ。「制約がない」「自分の意志でできる」遊びでは、創造力が育ちやすくなります。

自分の考えを形にできる遊び

一見、ただ積んでいるだけに見える積木遊びでも、子どもの創造力は大いに発揮されています。なにかの形ができる遊びは、すべて子どもの創造力のたまものなのです。

創造力
が
育つ遊びって
どんなもの？

自分の想いを絵にする遊び

子どもの創造力が働くのは、立体的なものの中だけとは限りません。絵や模様を描いたり線を引いたりする平面的な遊びの中でも、創造力は発揮されていきます。

空想的な遊び

いわゆる「空想」といわれるものは、想像力と創造力を駆使し、頭の中でいろんなお話や映像を創っていくことです。ままごとや怪獣ごっこなどは創造力のある子どもしかできない遊びなのです。

創造力を育てる親の関わり方

1

遊び方を
決めつけない

お絵描き、折り紙、積み木。子どもの創造力を引き出すそんな遊びでも、テーマを与えたり描くものや作るものを決めつけてしまえば、創造力を発揮するチャンスを失ってしまいます。

2

描いたもの創ったもの
にケチをつけない

「なにこれ?」「ダメでしょ、そんなの作ったら……」、子どもが描いたり創ったりしたものを否定したりマイナスなことを言ったりすると、創造力は影を潜めて指示待ち人間になってしまうことも。

3

ワンポイント
アドバイザーになる

大人の「ここをこうすれば?」「これを使えば?」といったワンポイントの助言や提案は、子どもにとっていいヒントになり、新たな創造力を引き出していきます。

マイ・プラネタリウム

目の前に広がるたくさんの星。本当にプラネタリウムに行ったかのような気持ちになって、子どもも大喜び。自分だけの星座を作りましょう。

遊びの効力　どんな星座にしようかな？　穴の大きさや間隔は？　穴をあけるだけなのに、たくさんの創造力が生まれます。

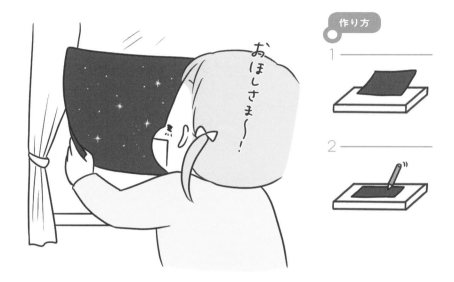

作り方

1

2

遊び方

1 黒い画用紙を段ボールや発泡スチロールの上に置く（作り方1）。

2 鉛筆で、好きなところにたくさんの穴を自由にあける（作り方2）。

3 画用紙を窓にかざし、画用紙に顔を近づけて見る。

ポイント

- 穴の数がたくさんあるほどきれいな星空ができあがります。
- 画用紙の裏側に黒以外のオイルパステルでハートなどの好きな形を描き、その輪郭に沿って穴をあけると「ハート座」などの、オリジナルの星座が作れます。

3つでオリジナル童話

与えられた3つのキーワードをもとに、自由にお話を作っていく遊びです。親子そろって童話作家に大変身しましょう。

遊びの効力 ｜ お話を作るというのは創造力が必要な、まさにクリエイティブな作業なのです。

遊び方

1 「魔女」「おもち」「車」など、なんでもいいので思いついた言葉を3つ言う。

2 その3つの言葉をどこかに入れながら自由にストーリーを作る。

ポイント

- 子どもが思いついた3つの言葉を言うたびに「うわぁ、むずかしい」「それ、いいね」などと楽し気なリアクションを返しましょう。

- ときには子どもにお話を作ってもらいましょう。その際、出題はむずかしい単語を避け、子どもに身近なものを3つ選んで。

王様の花かんむり

**一面のクローバー畑に行ったときにぜひ作ってほしいのが花かんむりです。
男の子は王様、女の子は女王様になった気分になりますよ。**

遊びの効力 どうやってつなごうかな？ 王冠がいいかな、それともティアラ？ 子どもの創造力が大いに発揮される遊びです。

作り方

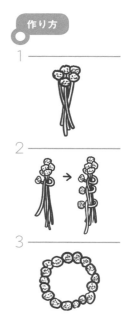

1

2

3

遊び方

1 5〜6本のクローバーをひとつに束ねる（作り方1）。

2 クローバーの首をおさえつつ、1に1本に巻きつける。同様にどんどん巻きつける（作り方2）。

3 長くなったら輪っかのようにつなぎ、つながったところで止めれば完成（作り方3）。

ポイント

- 子どもの頭の大きさに合わせて作りましょう。もっと大きな輪っかを作ればネックレスにもなりますよ。

- 幸運をもたらすといわれる4つ葉のクローバー。実は、意外とたくさんあるのです。クローバー畑なら半径2m以内にひとつはあるので探してみましょう。

そと遊び

広告のお店屋さん

新聞広告やDMのようなチラシの中から、好きなものを切り取って貼っていくだけ。
自分だけのすてきなお店ができあがります。夢が広がる遊びです。

遊びの効力　まさに自分のお店を作っていくような、創造力が発揮できる遊びです。できたお店には個性や性格が表れているはず。

遊び方

1　いらないチラシや新聞広告、パンフレットの中から、自分の好きなものやほしい商品を選び、その輪郭をはさみで切る。
2　画用紙にのりで貼ったり並べたりすると、あっというまにすてきなお店屋さんの広告のできあがり。

ポイント

- お寿司屋さん、ピザ屋さん、車屋さん、スーパー……。お楽しみは広告選びから始まります。
- 商品を丸で囲み、その線を切り取るだけでもOK。たくさん切っちゃいましょう。
- 貼ってから入れ物や棚を描き入れたり、看板を描いたりするとお店屋さんらしくなっていきますよ。

自分の絵でジグソーパズル

自分が描いた絵でジグソーパズルを楽しみましょう。ここかな？　あ、違う違う。市販のジグソーパズルでは味わえない、なんともいえない楽しさを味わえます。

遊びの効力 ジグソーパズルは、バラバラになった絵を形あるものに創っていく、まさに創造的な遊びです。

遊び方

1　まずはクレヨンやオイルパステルでお絵描きを楽しむ。
2　完成した絵をはさみで適当なパーツ数に切っていく。
3　ジグソーパズルのように元の絵に戻していく。

ポイント

- 絵が完成してすぐに切ると元の形がわからなくなります。まずはじっくり眺め、形を覚えてから切りましょう。
- パーツ数は、3〜4歳は5〜10パーツ、5歳以上は10〜20パーツがいいでしょう。
- 切り取り線は直線と曲線を組み合わせるとパーツがいろんな形になって楽しいですよ。

貝がらアート

砂浜で集めた貝がらをカラフルにお化粧し、いろんなアート作品を作りましょう。お部屋にたくさん飾ると、すてきなギャラリーに！

遊びの効力 　ただ貝がらをなにかにくっつけるだけでも、子どもの創造力でまさに芸術品ともいえる作品ができあがることも。

遊び方

1　巻貝、二枚貝、小さな貝、大きな貝など、砂浜でいろんな貝を集める。

2　ひとつひとつを、好きな色の絵の具や油性マジックで、カラフルに塗る。

3　フォトフレームに接着剤で貼っていくとすてきなアートの完成。

ポイント

- 貝がらは真水で洗い、よく乾かしてから塗りましょう。
- 色画用紙、コルクボードなど、いろんなところに貼っていくと楽しいですよ。

空き箱コリントゲーム

コン！コン！とおもしろい音を出しながら落ちていくビー玉。昔ながらの遊び、コリントゲームをおうちで楽しみましょう。さぁ、何点に入ったかな？

遊びの効力 遊ぶうちに創造力が深まり、ビー玉が当たる箇所を増やしたり、コースを変えたくなったりします。どんどんカスタマイズ（改変）させてあげましょう。

遊び方

1 適当な空き箱に、ペットボトルのフタをいろいろな場所にテープで貼る。

2 下のほうに仕切りをつけて点数エリアを作り、数字を書き入れる。

3 上からビー玉を落とす。

ポイント

- 箱の傾斜角度によって、ビー玉の落ちるスピードが変わります。ゆっくり落ちるようにしましょう。
- フタの数は多ければ多いほど、ビー玉が複雑なコースで落ちていき、どこに入るかわからない楽しさを味わえます。

三角星座取りゲーム

じゃんけんで勝った人が星から違う星に向かって線を引き、三角形ができたらその中に自分の名前を書いて自分の星座にする楽しい遊びです。

遊びの効力　小さな三角、大きな三角、細長い三角……。創造力を働かせながら、自分だけの三角形を作ろうとする遊びです。

遊び方

1 紙の上にたくさんの点を書いて「星」を作り、任意のふたつの星を線で結んで準備完了。

2 じゃんけんをして勝った人が、その線の端っこからどこかの星に向けて線を引く。

3 じゃんけんで勝った人が線を引く、を繰り返し、三角形が作られるたびに、その中に名前（イニシャルでも可）を書く。

ポイント

- 細長い三角、大きい三角など、線を引いて三角形になったならどんな三角形もOKです。
- 線を引くときは、いつもどこかの線の端からスタートします。
- 時間を決め、だれの三角形が多いか競いましょう。

自分だけの絵本

世界にひとつしかないオリジナル絵本です。**自由にストーリーを作って楽しみましょう。**

遊びの効力 自分だけの絵本が作れるのは子どもにはうれしいもの。想像力とともに創造力も大いに刺激されます。

作り方

1

2

3

うさぎさんが変身するの！ヒーロー‼

いいね〜！

遊び方

1 ふたつ折りにした同じ大きさの紙を数枚用意する（作り方1）。

2 1を重ねて、真ん中をホチキスでとめる。背中にマスキングテープを貼る（作り方2、3）。

3 各ページに絵を描いて、自由にお話を作る。

ポイント

- 色紙で作るとカラフルな絵本ができあがります。
- 表紙のページに大き目の文字でタイトルを書くと、とても絵本らしくなります。

コーヒーフィルターのお花

意味もなく描いた線や点がみるみるうちに不思議な模様になっていきます。だれもがファンタジックな模様を作ることができる、楽しい遊びです。

遊びの効力 にじみすぎたり見えにくくなったりすると、子どもは「もっとこうしたい」「こんな模様を創りたい」と思います。それらはすべて創造力です。

わぁ！

セロテープの

芯の上で！

遊び方

1 コーヒーフィルターに水性ペンで線や点でいろんな模様を描く。

2 それをセロハンテープの芯などの上に置き、スポイトで水を数滴たらす。

3 色がにじんで、みるみるうちにとてもきれいな模様のできあがり。

4 乾いたら好きな花の形に切り取る。

ポイント

- いろんな色を使うと、色が混じってすてきなマーブル模様になります。
- 絵を描くとにじんで元の絵がわからなくなりますが、思いがけない模様に変化してかえっておもしろいかも。
- お花の形やハート形や星形など、いろんな形に切り取って遊びましょう。

ダンゴムシの迷路

箱で作った迷路に、ダンゴムシを入れてよーいドン！ さぁ、ダンゴムシの運動会が
始まるよ〜。

遊びの
効力 　迷路作りはかなりの創造力を要する遊びです。「行き止まり」「近道」など、子ど
　　　　もなりの工夫が見られるはずです。

遊んだ後は…

ダンゴちゃん
ムシ子ちゃん
バイバーイ！

遊び方

1 空き箱の中に紙などを立てて仕切
　りを作り、迷路のようにする。
2 1にダンゴムシを入れて、いろん
　なコースを歩く様子を楽しむ。

ポイント

- ダンゴムシは植木鉢の下や大きな石の下に
　よくいます。
- 遊んだ後は帰してあげましょう。必ず手を
　洗ってね。

どんぐりカレンダー

集めたどんぐりでおしゃれなカレンダーを作りましょう。日にちや曜日の配列がよく
わかり、おうちにあるカレンダーに関心をもつきっかけにもなります。

遊びの
効力
> 子どもは「カレンダーは買うもの」「お店でもらうもの」と思っています。でも
> 今後は、「カレンダーは作るもの」と思うかもしれませんね。

遊び方

1 どんぐりをたくさん集め、そのひ
とつひとつに1から30（31）ま
での数字を書く。

2 大きめの厚紙に、1列7個ずつ
貼っていき、カレンダーを作る。

ポイント

- 一番上の列にはフェルトペンで月曜から日
  曜までの曜日を書いていきましょう。
- クヌギなどの大きなどんぐりにその月の数
  字を書いて貼ると、とてもおしゃれなカレ
  ンダーが完成します。

砂で魚を作ろう

砂浜でよくやる遊びといえば、「お山作り」ですよね。その要領で、大きな魚を作っちゃいましょう。ワカメや貝がらも使ってどんどんかっこよくしてね。

遊びの効力 「魚らしくなるにはこうしたいな」「ここにはこんなのをつけたらいいかな？」と創造力を働かせながらいろんな工夫がでてきますよ。

ワカメで背びれ〜！

貝と貝でおめめ！

遊び方

1 砂浜の砂を盛って、立体的な魚の形を作る。

2 背びれや胸ヒレはワカメ、目は2枚貝、うろこは小さな貝がらなど、海辺にあるいろいろなものをつけて「それらしく」していく。

ポイント

- 大きく盛ればフグのように、薄く盛ったらヒラメっぽくなります。いろんな魚を作りましょう。
- 棒切れを角にしたり、牙をつけたりして「魚怪獣」に変身させていくのも楽しいですよ。

マグネット迷路

磁石の楽しさと不思議さを味わえる遊びです。紙の上に置いたものがなにもしていない（ように見える）のに、動き回るのがおもしろいですよ。

> 遊びの
> 効力

道を創っていくというのは、創造力とひらめき力が求められる楽しい作業です。

遊び方

1. 厚紙の上に、2〜3cmの幅で、道路を描く。
2. 金属でできた小さなもの（磁石でも可）を、その道路の上に置く。
3. 厚紙の下からマグネットをあてて動かすと、厚紙の上に置いたものも動く。

ポイント

- マグネットはゆっくり目に動かしましょう。
- 道路は、分かれ道や行き止まりなどを描いておくと迷路のようになって楽しいですよ。

いちごあめづくり

子どもが大好きないちごあめ。でも、いちごあめなんて縁日のお店でしか食べられない……。そう思っていませんか？ おうちでもかんたんに作れますよ。

遊びの
効力

ちょっとしたお料理気分が味わえる遊びです。料理は創造力の養成にとてもいい
活動なのです。

遊び方

1 フライパンに砂糖150ｇ、水120㎖
　を入れ、よくかき混ぜる。

2 中火にしたら一切かき混ぜないで、
　ブクブク泡立つまで待つ。

3 2にくしに刺したいちごをつけて、
　固まったら完成。

ポイント

• フライパンに火をつけたなら、絶対にかき
　混ぜないようにしましょう。

• いちごの水気はよくふきとっておくと固ま
　りやすくなりますよ。

• ぶどうやさくらんぼなど、ほかのフルーツ
　でも楽しめます。

レンジでカップケーキ

マグカップに材料を入れてくるくるとかき混ぜます。それをレンジでチンすれば、はいできあがり〜！ 火を使わないので小さい子にもおすすめです。

遊びの効力 | お菓子作りは、子どもにとってはお料理そのものです。お料理好きな子どもには創造力が宿ります。

遊び方

1 マグカップの中に、卵1個、ホットケーキミックス大さじ3、砂糖と牛乳各大さじ1、サラダ油小さじ1を入れてよくかき混ぜる。

2 600wの電子レンジで1分半加熱したら、おいしいカップケーキのできあがり。

ポイント

- 材料はすべて子どもの手で入れさせてあげましょう。「自分で作った感」が増します。
- とてもかんたんにできますが、そこでたくさんほめればほめるほど、子どもは料理の楽しさと喜びを味わいます。

波打ち際で棒倒し

さっきはここまでは波は来なかったのに、だんだんこっちに来るようになった!? 遊びながら、海には満ち潮と引き潮があることを知ることができます。

遊びの効力

「波がきても崩れない頑丈な砂山を作るにはどうすればいいのか」を工夫するには、創造力がものをいいます。

遊び方

1　満ち潮になってきたころ、寄せる波が届くか届かないかのところに砂山を作る。
2　砂山に棒状のものを１本突き刺す。
3　波がきたら山が崩れ出して、先に棒が倒れたら負け。

ポイント

- 山の形や棒の刺し方なども勝敗に影響します。何度も作ると「勝つコツ」がわかってくるので、何回戦か行ないましょう。
- 突き刺す棒を複数にし、すべて倒れたら勝ち! というルールも楽しいですよ。

お魚釣りゲーム

おうちで魚釣りを楽しんじゃいましょう。厚紙でお魚を作って、糸の先に針金をつければもうできあがり。すぐに釣りができます。「わーい！釣れた、釣れた！」。

遊びの効力

魚、釣りざお、海などを「それらしきもの」にするために、想像力と創造力をたっぷり働かせて作りましょう。

遊び方

1 厚紙にいろんな魚の絵を描き、輪郭を切り取ってその先にクリップをつける。

2 糸の先に、端をU字にした針金をつけ、割りばしにくくりつける。

3 2で1を釣る。釣った魚は、適当なお皿や容器に入れる。

ポイント

- 針金の代わりに、クリップを伸ばしたものをはさむのでもOKです。
- 青色の画用紙の上に魚を並べると、臨場感が出ます。

自分で絵を描いて、
マイ図鑑作り

そと遊びのついでに、身近な生き物を観察してスケッチしてみましょう。
絵をたくさん描いて集めると、自分だけの図鑑を作ることができますよ。

● 自分だけの図鑑を作ろう

自然の場所に行くと、生き物がいっぱい。そとに行くときには紙と鉛筆を持って、じっくり観察しながら絵を描いてみましょう。家に帰ってから本当の図鑑で調べて描き足してみても楽しいですね。

身近な場所 公園や散歩のついでに見つけてみよう。

ダンゴムシ

植木鉢や石の下など、暗い場所にいるよ。ころんと丸まってかわいい！

セミ

木にとまっているよ。低い木がたくさんある公園で探してみよう。

クモ

まずはクモの巣を見つけてみよう。木の枝と枝の間に張ることが多いよ。

バッタ

草むらにいることが多い。日当たりのいい場所を探してみよう。

アメンボ

田んぼや水たまりなど、水の上を忍者みたいにスイスイ歩いてるよ。

テントウムシ

春から秋にかけて、葉っぱにいることが多い。赤のほかに黄色もいるよ。

海 潮だまりでは、たくさんの海の生き物を見ることができるよ。

クサフグ

潮だまりをのぞいてみよう。海そうの近くや砂の中にもぐっているよ。

ソラスズメダイ

潮だまりで見つけることができるよ。きれいな青色の小さなお魚。

ヤドカリ

人間の目につく場所で動いている貝がいれば、それはほとんどヤドカリ。

ヒライソガニ

岩をひっくり返すと、見つけることができるよ。おとなしい性格。

イソスジエビ

潮だまりにいるよ。夜行性なので、日中は岩の下に隠れているよ。

ムラサキウニ

潮だまりの、岩に張りついているよ。たくさんのトゲが特徴。

ヤツデヒトデ

うでが8本あるよ。5本の星形はアカヒトデ。

アオウミウシ

潮だまりの海そうに隠れているかも。青色の模様に赤い触角で、まるで宝石みたい。

マツバガイ

岩に張りついているよ。岩の割れ目をのぞいてみよう。

✚ **海には危険な生き物もいるよ。** 注意してね。

ガンガゼ ——————— ウニに似ているけど、ながーいトゲが特徴。トゲに毒があるよ。
カツオノエボシ —— 電気クラゲとも呼ばれる、猛毒をもつ生き物。
ゴンズイ ——————— 集団で玉になって泳ぐことが多い。毒をもっている。
ヒョウモンダコ —— 青色の斑点があるタコ。唾液に猛毒がある。
ウツボ ——————————— 本来は臆病ものだけど、ちょっかいを出すと襲ってくることも。

人気の生き物が大集合。
施設によって会える生き物は違うので、事前に確認を。

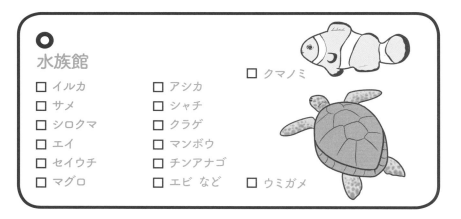

水族館

- □ クマノミ
- □ イルカ
- □ アシカ
- □ サメ
- □ シャチ
- □ シロクマ
- □ クラゲ
- □ エイ
- □ マンボウ
- □ セイウチ
- □ チンアナゴ
- □ マグロ
- □ エビ など
- □ ウミガメ

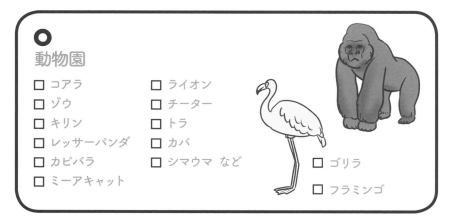

動物園

- □ コアラ
- □ ライオン
- □ ゾウ
- □ チーター
- □ キリン
- □ トラ
- □ レッサーパンダ
- □ カバ
- □ カピバラ
- □ シマウマ など
- □ ミーアキャット
- □ ゴリラ
- □ フラミンゴ

PART 4

想像力を養う遊び

「想像力」が豊かな人は、見えないものが見えてきます。
人の気持ちも見えるようになっていきます。
ひとつのものを見てもいろんな見方ができるようになります。
遊びを通して、「想像力」を養っていきましょう。

なりきり遊び（ごっこ遊び）

「お母さんごっこ」「お店屋さんごっこ」「お医者さんごっこ」など、いわゆる「ごっこ遊び」は、想像力を働かせながらそれになりきる遊びで、一種の自己実現につながる遊びです。

自由画

子どもは、テーマも制約もない自由に描ける絵の中では、想像力をフルに働かせて「描きたいもの」を描いていきます。子どもの絵の中には、心の中のさまざまなものが表れます。

想像力
が
育つ遊びって
どんなもの？

見立て遊び

大人にはただの箱にしか見えないものも、想像力が働く子どもは車や電車に見立てることができ、ふすまのレールが、電車のレールそのものに見えるときもあります。

人形（フィギュア）遊び

フィギュア同士をただぶつけ合っているだけでも、子どもの頭の中では、ヒーローが正義のために怪獣と激しく戦っているものです。人形遊びでは子どもはいつもリアルな場面を想像しながら遊んでいます。

想像力を育てる親の関わり方

1
質問をする

「これはなに？」「これってどうやるの？」……、子どもの遊びや、描いたり作ったりしたものに質問をすると子どもは新たに想像力を働かせ、いろんなことを話し始めます。

2
親も参加する

親は子どもの遊びをそばで見るだけでなく、その遊びに参加しましょう。「仲間」が増えることで、想像の幅が広がり、その遊びがさらに深まっていきます。

3
遊びを盛り上げる

「うわ〜、すごい」「すてきね」「これも使ったらどう？」など、子どもの遊びを盛り上げるなんらかの援助をすると、子どもは自分の遊びが認められていることを感じ、自己肯定感も高まります。

シルエットクイズ

影だけでそれがなにかを当てるクイズ。影は子どもにとっては楽しくも不思議な黒い物体。そして、暗いお部屋と明るい光。子どもにとってまさに幻想的な世界です。

遊びの
効力

見えるのはシルエットだけ。想像力をフルに働かせて当てようとします。

遊び方

1 暗くした部屋で懐中電灯を白い壁に向かってつける。

2 懐中電灯の前に、ボールペンやぬいぐるみなど適当なものを置き、それがなにかを当てる。

ポイント

- 家族の顔の影を映すと盛り上がります。顔のシルエットだけでそれがだれかがわかるのは家族だけです。
- 攻守交代で、子どもが出題し親が当てるようにするとさらに盛り上がります。
- 子どもは壁と物の間にいてもらうようにし、ものが見えないようにしましょう。

「ロパク」クイズ

口をパクパクさせてしゃべり、言っていることを当てるクイズ。子どもは2文字の言葉でもわからないことが多く、全然違う答えを言うのがおもしろいですよ。

遊びの効力 … 子どもはロパクの言葉の1音ずつで、それがなんの言葉かを想像しながらつないでいきます。

遊び方

1 身近な言葉や歌を声を出さず、ゆっくり口をパクパクさせて言う（歌う）。
2 相手は口だけを見て、なにを言っているか（歌っているか）を当てる。
3 当たったら攻守交代。

ポイント

- ロパクは大きく口をあけてゆっくり言い（歌い）ます。何回も言って（歌って）あげましょう。
- どうしてもわからないときは、ささやくような声で言います。それでも当たらないときは、その声をだんだん大きくしていきます。

クラゲオニごっこ

逃げる子どもをチクッと刺そうとするクラゲ（オニ）。「刺しちゃうぞー」。ニョロニョロとクラゲのように動いて追いかけましょう。海ならではのオニごっこ。

遊びの効力 逃げる子どもは、「クラゲ怪獣と逃げる自分」を想像し、ドキドキ感がいっぱいです。

遊び方

1 波打ち際に、波に対して平行に1本の線を書く。

2 クラゲ（オニ）役の人は、海と波打ち際までしか移動できず、逃げる人は波打ち際と線までしか逃げられない。

3 逃げる人を「チクッ」と言って指先でタッチ（＝刺す）。タッチされた人は、急いで刺されたところを海水で洗い流してから追いかける。

ポイント

• 線はできるだけ波打ち際に近いところに引きます。

• オニ役の人は、クラゲのマネをしながら追いかけると楽しくなりますよ。

• 本当にクラゲに刺されたときも、真水ではなく海水で洗いましょう。

...の間、

豆苗を食べて、再収穫！

スーパーで、根っこがついた状態で売られていることが多い豆苗。一度カットして食べても、根っこをお水につけておけばまたニョキニョキ生えてきます。

遊びの
効力 | 豆苗の成長の様子を観察することで、普段食べている野菜はどんなふうに成長するかを想像したりします。

遊び方

1. 根っこについている種から少し離れたところで、豆苗をカット。1回目の収穫。
2. 浅めの保存容器に根を入れる。種にかからないくらい水を入れる。
3. 日当たりのいいところに置き、毎日水をかえる。1週間くらいして伸びてきたらカットして、2回目の収穫。

ポイント

- 毎日観察し、その成長の様子を絵に描いておくのもいいですね。
- かいわれ大根を種から育てても楽しいですよ。浅めの容器に水を十分含ませた脱脂綿を敷き、種をばらまきます。次の日には芽が出て、2週間くらいで食べられます。

想像力を養う遊び / 室内遊び / 111

想像力を養う遊び

室内遊び

111

ペットボトルで泡アワー

ぷうっと息を吹き込むと……。もこもこもこ、すごいすごい！ たくさんの泡が出てきたよ！

遊びの効力 子どもは泡状のものを見るといろんなものを想像します。カニの口、洗濯機……、なにに見えたかな？

もこ　もこ　もこ　もこ

洗剤

シャボン液

遊び方

1 500㎖のペットボトルを半分に切る。

2 切り口にガーゼをかぶせ、ビニールテープで貼りつける。

3 2をシャボン液につけて息を吹き込む。

ポイント

- ペットボトルの切り口に気をつけながら行ないましょう。
- 息は大きく吸い、ぷうっと思い切り吹き込みましょう。
- シャボン液はお皿の中に洗剤と水を混ぜて作ります。

「巻き物」で「当て物」

紙に書かれている線を、指でなぞりながらどんどん進むと……、やったぁ、ゴールだ！
先がなかなか見えない、スリル満点の「当て物」ゲームです。

遊びの
効力

「自分の線はこの先どうなるかな？」を想像しながら進むので、ずっとハラハラ
ドキドキする遊びです。

わくわく♡

くるくる

スタート

スタート

ハズレ

あたり

遊び方

1 長い紙に、イラストのようなゴールまで続く3色の線を書く。

2 書いた後、紙をクルクル丸めて巻き物にする。

3 紙の端っこに見える3本の線の中から好きな線を選んでスタートし、ゴールを目指してどんどん進んでいく。

ポイント

- 3本の中でゴールできる線は1本だけ。2本は、途中で行き止まりになるよう書いておきます。

- 線同士が途中で交差したり、わざと遠回りしていたりするとおもしろくなりますよ。

タオルで「魔女の宅急便」

バスタオルが、空飛ぶほうきに早変わり！ 心はまさに魔女気分。本当に空を飛んでいる気分になりますよ。

遊びの効力 ｜「魔女の宅急便！」といった時点で子どもは想像力を働かせ、心はもう魔女になっています。

遊び方

1 子どもの股下にバスタオルを通し、親はバスタオルの前と後ろをそれぞれ束ねるようにして両手で持つ。

2 子どもにもタオルを持たせ、親は子どもと体を密着させながら子どもが落ちないよう気をつけ、「魔女のたっきゅうび〜ん」と言いながら持ち上げる。

3 「ビューン」と言いながら進む。

ポイント

- 持ち上げる高さは低めにし、子どもが落ちないようお互いの体は常に密着させましょう。
- スピードは出しすぎないよう気をつけて。ゆっくり進んでも子どもは早く感じます。
- おふろ上がりの遊びにすれば、毎日進んでおふろに入るようになりますよ。

タオルうさぎ

タオルがあっというまに白うさぎに大変身。タオル1枚でかんたんに作れるパペット人形です。

遊びの効力 大人にはタオルにしか見えなくても、想像力が働く子どもはもううさぎにしか見えなくなります。

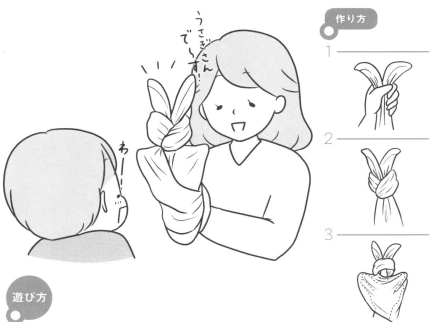

作り方

1 ────────

2 ────────

3 ────────

遊び方

1 白い手ふきタオルの端同士を合わせ、片手でその根元を持つ（作り方1）。

2 持った部分のすぐ下を一回転させて丸結びにする（作り方2）。

3 タオルをしごいて、顔になる部分を小さくする。

4 後ろに中指を入れ、手首はタオルで隠すようにする（作り方3）。

ポイント

• 中指以外の指で、うさぎの両手を作ります。中指で顔を動かしながら遊びましょう。

• 違う色のタオルでもう1匹のうさぎを作り、2匹のうさぎで寸劇を楽しみましょう。

特徴だけで絵に挑戦

その「物体」の特徴だけを伝えて、それを相手に描いてもらう遊びです。言われた通りに描いたのに、全然違うものになっているのがおもしろい遊びです。

特徴を聞いただけで、それがどのようなものなのかを考えなくてはならず、まさに想像力がものをいう遊びです。

遊び方

1 伝える人と描く人に分かれる。伝える人はテレビやスマホなど、そばにあるなにかひとつを決める。

2 伝える人は「四角いです」「スイッチのようなボタンがあります」など、その特徴を言い、描く人は言われた通りの絵を描く。

3 描いた人はその絵を見て、それがなにかを当てる。

ポイント

- 色鉛筆などを使い、特徴として色も伝えると、ずいぶん実物に「近い絵」になっていきますよ。

- 子どもが、「伝える側」になっても「描く側」になっても、とても楽しいことが起こります。

海水から塩作り

海の水には本当に塩が入っていることを実感できる遊びです。子どもにとっては海の不思議がまたひとつ増えますよ。

> 遊びの効力 実際に塩の粒を見ることで、これからは海水と触れ合うたびに、「塩」を連想することでしょう。

ほんとだ…！ すごい！

塩ができてきた！

とろーん しゃりしゃり

遊び方

1. 2ℓほどの海水をコーヒーフィルターでろ過し、不純物を除く。
2. 1を鍋に入れ、混ぜながら10分の1の量になるまで煮詰める。
3. 再びコーヒーフィルターでろ過してから鍋に戻し、煮詰める。
4. 完全に煮詰まる前に火を止め、コーヒーフィルターでろ過して残ったのが塩！

ポイント

- 3のろ過で残るのは塩ではなく石こうです。こういうものも海水に含まれているんだよ、と話してあげましょう。
- 煮詰める作業が多いので、やけどには十分気をつけて、ゆっくりと作業をしましょう。
- なるべくきれいな海水を使いましょう。
- 塩は少しなめてしょっぱいか確認するだけにし、料理に使ったり食べたりしないようにしましょう。

かさぶくろケット

スーパーやビルの玄関などによくある傘袋が、とってもよく飛ぶロケットに変身。当たっても痛くないので、小さな子どもでも遊べますよ。

遊びの効力 　想像力が働く子どもは、作ったあとはもう傘袋ではなくカッコいいロケットにしか見えません。

遊び方

1 傘袋の中に空気を入れる。空気が漏れないようにしっかりと口を縛るか、テープでとめる。

2 口をとめているほうを前にして投げる。投げたロケットをキャッチし、そのまま相手に投げ返して遊ぶ。

ポイント

- 押さえてもへこまないくらい、空気はできるだけたくさん入れましょう。
- ロケットのサイドに模様や窓を描く、中に小さく切った折り紙を入れる、おしり側に平テープをつける、などをするとより楽しくなります。
- 名刺大の紙を斜めに切り、底の方に3〜4枚をテープで貼るとさらによく飛びます。

8分の1パーツの世界

写真の一部を見ただけで、それはなにかを当てる遊びです。広告の写真を使うので、いつでもどこでもすぐにできますよ。

遊びの効力	子どもは身近なものや見慣れたものは、その一部を見ても全体を想像できる力が大人よりも備わっています。

遊び方

1 車、おもちゃ、ピザなど、どんな広告の写真でもいいのでざっくりと切り抜く。
2 その写真を8等分くらいに切り、裏にする。
3 その中の1枚をめくって、それが「なにか」を当てあう。

ポイント

- 1枚でわからなかったときは2枚めくります。
- すべてをめくってジグソーパズルのようにしても遊べます。

磯遊びで、マイ水族館

カニ、魚、貝、ヒトデなど、海に行くと多くの海の生き物が見つかります。たとえワカメでも子どもにとっては立派な「海の生き物」です。

遊びの効力　「水族館のようにしよう」と言うだけで子どもは想像力を働かせ、ちょっとしたジオラマ気分を味わいます。

オリジナル水族館

遊び方

1　海に遊びに行き、砂浜や岩場などでいろんな海の生き物を見つける。

2　カニ、貝、海そう……いろんな生き物を見つけたら適当な容器に入れて、自分だけの水族館を作る。

ポイント

- 入れ物は上または横から中の様子が見えるものにしましょう。
- ワカメなどの海そう類を少し入れるとその中が水族館らしくなります。
- 獲れた生き物は図鑑で調べましょう。

箱積みゲーム

**箱を積み上げてどんどん高くするゲームです。どっちが高いかな？「ぼくの勝ちぃ……！
あ、崩れちゃったぁ！」**

遊びの効力	この箱は倒れるかも？これは大丈夫かな？ と、いろんな想像をしながらひとつひとつ積み上げていきます。

安定の
横積み派

わ

スピード重視
縦積み派

遊び方

1 菓子箱、ティッシュの箱、宅配の箱など、なんでもいいのでおうちにある箱をできるだけたくさん集める。

2 よーいドン！で、その箱をどんどん積み上げる。

3 崩れないようにして、高く積んだ方が勝ち。

ポイント

• 長い辺を立てると早く高くなりますが、その分崩れやすいのが悩みどころです。どんな風に積み上げるか考えましょう。

• 30秒などの、時間を決めて高さを競うのも楽しいですよ。

• 最後は積み木のように崩しちゃいましょう。ストレス解消にもなりますよ。

箱めがねで水中探検

うわぁ、見える見える！ 海の中ってこんなふうになってるんだ！ かんたんに海の中を
のぞくことができる手作り水中めがねです。さぁ、海の中を探検しよう！

遊びの効力 このめがねでのぞいても海の中の一部しか見えませんが、子どもはそれだけで世界の海を想像する力をもっています。

作り方

遊び方

1. 1.5ℓのペットボトルの上下を切り、その切り口をビニールテープで巻く。
2. 片側にラップをかぶせ、ゴムで止めるとできあがり（作り方）。
3. 海面につけて、海の中をのぞく。

ポイント

- おふろの中や水を張った洗面器の中をのぞくのも楽しいですよ。
- 完成した水中めがねは油性フェルトペンで絵や模様を描きましょう。

ふうせんマット

ただゴムふうせんを入れただけのマットなのに、横になってみるとまるで雲の上で寝ているようで、気持ちいいですよ。

遊びの効力 乗っているだけで、子どもはいろんな想像をして「（まるで）〇〇に乗っているみたい」と言います。

ごろ～！

気持ち

ふうせんを
ごみ袋に入れば
大玉のような
ふうせんにもなるよ！

遊び方

1 ふうせんをたくさんふくらませる。
2 1を布団圧縮袋に入れて中の空気を抜けば、もう完成。
3 上に寝っ転がったり座ったりして、感触を楽しむ。

ポイント

- ふうせんは、多少大きさが違っても大丈夫。マットに凸凹ができてかえって楽しいですよ。
- はずみすぎてマットから落ちないよう気をつけてね。
- ふうせんを大きなゴミ袋に入れると、大玉のようなふうせんができあがります。

ハテナボックス

箱を振って、その中に入っているものを当てるゲームです。それでわからなければヒントを出します。もしも振っただけで当たったら大天才!?

遊びの効力　箱にぶつかる音だけで想像力をフルに働かせて、それはなにかを考えようとします。

遊び方

1　空き箱の中に鉛筆、のり、お菓子など、適当なものをひとつ入れる。

2　当てる人は、箱を振って中身を当てる。

3　わからないときはヒントを出し、何番目のヒントで当たったかを競う。

ポイント

- 「文房具です」「書くものです」と、子どもにわかりやすいヒントを出してあげましょう。
- 当てる人が「それは〇〇ですか?」とたずねて、イエス・ノーで答えていくやり方も楽しいですよ。

連想ゲーム

みんなが知っているお話をひとつ決めたら、そのお話に出てくる人や動物、思いつく言葉を言っていく遊びです。だれが一番たくさん言えるかな？

遊びの
効力　そのタイトルを聞くだけで子どもは想像力を駆使し、瞬時に頭の中にあるイメージを呼び起こします。

遊び方

1　「桃太郎」「白雪姫」など、子どもが知っているお話をひとつ決める。

2　そのお話から連想するものやそのお話に登場するものを、どんどん言っていく。

3　10秒以内に、なにも言えなくなった人が負け。

ポイント

- 出題を子どもにさせてあげると、どんなお話を知っているかがよくわかります。
- この機会に日本の昔話や世界の名作を読んであげましょう。お題のレパートリーも増えますよ。

ドキドキプレゼント

参加する全員になにかが当たる、楽しいゲームです。ドキドキドキ、なにが当たるかな？ お誕生会などにはうってつけです。

遊びの効力　子どもは自分の景品はなにかを勝手に想像します。そのとき、想像以上なら喜びます。想像以下のものなら……！

遊び方

1 ひとつの景品を包装紙で包んだあと、違う景品を置いて再び包装紙で包み、その上にまた景品を置いては包む……を人数分繰り返す。

2 みんな輪になって座る。歌や音楽に合わせてプレゼントを手渡しして行き、歌や音楽が止まったところで持っていた人が包装紙を一枚だけめくってその景品をもらう、を繰り返す。

ポイント

• 景品はお菓子など、包みやすいものにし、最後の人には一番豪華なプレゼントが当たるようにしておきます。

• 音楽を鳴らす係を決めておきます。長い歌や音楽の場合、途中で太鼓をたたいて止めたりすると盛り上がります。

ごほうびじゃんけん

じゃんけんぽん！「**勝った！じゃあ、肩もみ10回お願い**」。じゃんけんぽんぽん！「**今度は私の勝ち！はい、頭なでなで10回ね**」。じゃんけんで勝つとごほうびがもらえる遊びです。

> 遊びの効力
>
> 子どもはじゃんけんをやる前から、ごほうびをもらう自分を想像し、ニンマリとしています。

遊び方

1 「肩もみ10回」「頭なでなで10回」など、相手にしてもらいたい「ごほうびメニュー」を作っておく。

2 じゃんけんをし、勝つたびに「ごほうびメニュー」の中から相手にやってほしいものを選ぶ。

3 じゃんけんを繰り返す。

ポイント

• 「ごほうびメニュー」には、その場ですぐにできるものを書きましょう。

• 「変な顔をする」など、相手になにかをさせるものをリストに入れるのも楽しいですよ。

なんの動物でしょうか？

大人が動物の絵を描き、子どもが当てるという単純なゲームです。「これ、な〜んだ」「キリンさん！」「ピンポーン！」。楽しい言葉のやり取りも生まれますよ。

遊びの
効力
なんの絵かわからないようなときは、子どもは想像力を働かせ楽しい珍答が出ることもあります。

遊び方

1 大人は、紙に思いついた動物の絵を描く。

2 「これ、な〜んだ」とたずねて、子どもが答えていくというかんたんなルール。

ポイント

- 「それらしき絵」を描くだけで当ててくれるから不思議です。絵心がないパパママも大丈夫！

- どうしてもわからないときは、「ほら、お首が長い……」とヒントを出しながら進めましょう。そこから楽しい親子の会話が始まります。

ぺちゃんこおうまさん

♪おうまの親子は仲よしこよし〜、と、機嫌よくパパのおうまさんに乗って遊んでいたら……。あらら、急におうまがぺっちゃんこ。もうっ！ 落っこちそうだったよ。

遊びの効力 「おうまさん」という言葉を言うと、子どもは想像力を働かせ本当に馬に乗っている気分になります。

遊び方

1 おうまさんのように四つんばいになった大人の背中に子どもが乗る。
2 進んでいる途中で、突然おなかを床につけ、ぺっちゃんこになる。
3 エレベーターで急降下したときのようなその感覚に、子どもは大喜び。

ポイント

- ぺっちゃんこになるときは「あぁ、もうだめ〜」と言いながらつぶれると、子どもは喜びます。
- ぺっちゃんこになったあとは、「よし、がんばろう！」と言って再びうまになり、すぐにまたぺっちゃんこに！を繰り返すと楽しいですよ。

ピカピカどろだんご

砂に水を混ぜてこねこねして作るどろだんご。かんたんそうに見えますがじつは根気とちょっとしたコツが必要です。だれが一番ピカピカにできるかな？

遊びの効力　想像力が働き、ある子どもには宝石のように見え、ある子どもにはまさにおいしそうなおだんごに見えるようです。

遊び方

1. 水をふくませた砂でおだんごを作る。形ができてきたら、まわりに乾いた砂をつけて整える。
2. おだんごが少し茶色っぽくなってきたら、また乾いた砂をつけて整える。
3. 風通しのいいところで1時間くらい乾かしたら、細かい砂で表面をごしごしこする。さらに布でこすってピカピカ光らせる。

ポイント

- 乾いているさらさらの砂をまわりにつけることで、こわれにくいおだんごを作ることができます。
- 表面を何度もこすって、ピカピカのおだんごを作りましょう。

絵本DEクイズ

今、読んだお話を、子どもが大好きなクイズ形式で振り返りましょう。子どもの興味・関心度もよくわかり、今後の絵本選びの参考にもなりますよ。

遊びの効力
子どもは絵本を読んでもらうときは想像力を働かせ、頭の中では自分だけの動画が見えているようです。

遊び方

1　昔話や童話を読んだあと、そのお話にちなんだクイズを出す。たとえば桃太郎の場合は「家来の動物は何匹？」「きびだんごを作ったのはだれ？」など。

2　子どもが答えていき、何問答えられたかを数える。

ポイント

- 読んだ直後にやってみましょう。どれくらい覚えているかわかります。
- 子どもが出題者になって自由にクイズを作ってもらうのも楽しいですよ。

みんなの
お出かけアイデア集

子どもを連れてお出かけすると、荷物が多くなったり、
移動中に子どもがぐずったりして大変なことが多いですよね。
みんなのお出かけアイデアを紹介します。

持ち物編

夏の暑い日は、スポーツドリンクで氷を作り、保冷ができる水筒に入れて持って行っています。ペットボトルはすぐにぬるくなるので、夏の必需品です！
ミーナさん

小さいポケット図鑑やなぞなぞ、シールブックを持ち歩くようにしています。
ちーくんママさん

簡易テントは、日陰がない場所での休憩のときに便利！
MONさん

プールや海ではつい時間を忘れて遊んでしまうので、防水時計が役立ちます。
海好きパパさん

そとに出かけるときには、必ず目薬を持っていっています。広場や海などで砂が入ったときに便利です。
ペルケ？さん

旅行に「じんべえ」を持参しています。子ども用浴衣がないときやサイズが合わないときもあるので。
温泉に行きたい！さん

移動中編

移動中によくやるのが、動物探し。看板やポスター、歩いている人の服など、動物のキャラクターがよく使われているので、何個探せるのか一緒に探して遊んでいます。

クマちゃんさん

車で移動中、前や隣の車のナンバーを見て、足し算・引き算をしています。10問連続正解したら、次のパーキングでソフトクリーム！などごほうびを設定すると、とても盛り上がります。

志保さん

車に乗っていると遊びがつきることもしばしば。そんなときは車内で家族カラオケ大会！

KOAさん

「同じ色を見つける遊び」をしています。「青を探せ〜、よーいドン！」と遊んでいると、案外時間がかせげて楽しいですよ。

ひろさん

待ち時間編

とにかく待ち時間を減らす努力をしています。飲食店や施設など、遊びに行く場所は事前に調べておき、予約できるところは予約するように。混雑しない時間帯も調べて、できるだけずらして行動できるように工夫しています。

510さん

携帯の写真で当てっこクイズ。子どもの記憶があいまいな過去の写真を見ながら、場所や人物でクイズを出すと楽しいですよ。

ちゃんちゃんさん

お散歩やお出かけするときは、
道中にありそうな自然やものを描いた
「ネイチャービンゴ」を作って持っていくと
盛り上がりますよ。

ネイチャービンゴの
詳しい説明はこちら

ネイチャービンゴ　海編

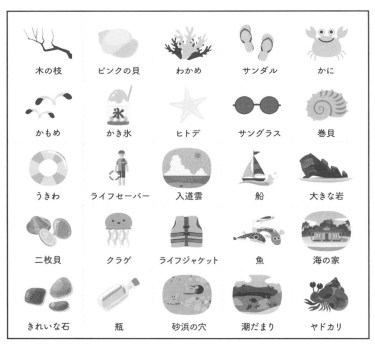

その他、山編、公園編、散歩
編など、出会いそうなものを
入れて作ると楽しいですよ！

ネイチャービンゴとは
お出かけするときに出会いそうなものを、5列×5列
で書きます。出会ったものから印をつけていき、
縦横斜めのどれか1列そろったら勝ち！

PART

5

考える力
を
養う遊び

なにかが起こっても、
すぐに解決策を見つけるのが「考える力」のある人。
そんな人は、いつも自信に満ち溢れています。
遊びを通してさまざまな「考える力」を養っていきましょう。

勝ち負けがある遊び

勝ち負けがあるとだれでも勝ちたくなるもの。じゃんけんでも、勝つためには次はなにを出そうかと考えます。順位が決まる遊びでは子どもは1位になろうと、さまざまなことを考えながら遊びます。

初めての遊び

子どもは初めて出会う遊びに興味を抱き、やりたくなります。一度やると「うまくやりたい」となり、やがて「どうすればもっとうまくいくか」に変化していきます。「考える力」は、そんな中で自然に養われていきます。

考える力
が
育つ遊びって
どんなもの？

クイズ形式の遊び

クイズ形式の遊びは、いろんなことを考えて答えを出そうとします。そのとき役に立つのは知識ではなく、とんち、シャレ、ひらめき、といったさまざまな方向から考える力、まさに「非認知能力」です。

結果が点数や数字で出てくる遊び

「いくつできたか」「何個ゲットできるか」など、結果が数字となって表れる遊びは、もっと上を目指したくなるため、いろいろ考えたり工夫したりするようになります。

考える力を育てる親の関わり方

1
考えることを促す

「どうすればいいかな？」
「どうしてこうなったのか
な？」などと質問のように
して声をかけると、子ども
はそれがきっかけとなり、
さまざまなことを考えるよ
うになります。

2
考える時間を与える（せかさない）

なにかを行なうとき、子ど
もは大人よりもずいぶん時
間がかかります。考えるの
にも時間がかかります。考
える時間を十分に与え、決
してせかしたりしないよう
にしましょう。

3
ヒントを与える

子どもは知識や経験が浅い
だけに、なかなかうまくで
きない（遊べない）ときが
あります。そんなときは、
なにかひとつヒントを与え
てあげると、子どもはたく
さんのことをひらめきます。

まる消し

大人が書いた○をどんどん消していく。子どもにとってはなんとも痛快な遊びです。
書いたものが消せる消しゴムは、子どもにとっては魔法アイテムなのです。

遊びの効力 「瞬時に見つける→瞬時に消す」という作業を通して、瞬間的に考える即時反応力がついてきます。

あー　消されちゃう〜！

遊び方

1 大人は紙の上に小さな○をどんどん書いていく。

2 子どもは、その○を消しゴムで次から次へと消していく。

ポイント

- 消されるたびに「あ〜、消されちゃったぁ」「もう、消さないでよ〜」と、いかにも残念そうに言うと、子どもはますます張り切って消そうとします。

- 子どもが書いて親が消す場合はできるだけゆっくり消し、子どもの優越感を募らせてあげてください。

ペットボトルシャワー

ペットボトルの底からシャワーのように出てくるお水。フタを閉めると、あら不思議。
中にはまだ残っているのに、お水はピタッと止まります。

遊びの効力　フタを閉めると止まるのはなぜ？ 少しだけあけるとどうなるかな……？　子ど
もは不思議なことに出会うとさまざまな探求心が出てきます。

遊び方

1 ペットボトルの底から1cm程度の
　ところに、目打ちや千枚通しで5
　〜10個の穴を均等にあける。

2 1の中に水をたっぷり入れると、
　シャワーのように水が出る。

3 フタをきつく閉めると止まり、緩
　めるとまた出てくる。

ポイント

- ペットボトルの大きさは問いませんが、
　500mℓサイズが最適です。
- 持ったペットボトルを左右にクルクル回す
　とシャワーも回ってきれいですよ。

お月さまが変身!?

お月さまは、毎日どんどん形が変わっています。改めてその不思議さを感じることができる遊びです。宇宙のことに関心をもつきっかけにもなります。

遊びの効力 この遊びのあとに月を見たときは、月の見方が変わります。形の変化を意識したり、明日の形を予想したりするようになります。

遊び方

1 毎晩、決まった時間に窓のそとから南の空に浮かぶお月さまをながめる。

2 そのときのお月さまの形を、毎日紙の上に描く。

3 たった1週間でも満月が半月になり、お月さまの不思議を実感することができる。

ポイント

- 4週間観察すると満月が完全に消え、再び満月になるまでを見ることができます。

- 同じ時間に観察すると、月の形だけでなくその位置もどんどん変わる不思議さが味わえます。

波とキャッチボール

海や波の不思議さに気づく遊びです。ボールを波に向かって投げたのに、あらら、すぐに戻ってくる。まるで海とキャッチボールをしているみたい。

遊びの効力：ボールが戻ってくる様子を、最初は当たり前のように見ていても、やがて「なんでだろう」と考えるようになります。

遊び方

1 ビーチボールなどの適当なボールを砂浜から、海の波に向かって投げる。
2 返ってくる波と一緒にボールも戻ってくる、そのおもしろさを味わう。

ポイント

- 軽い力で投げ、あまり遠くに投げすぎないようにしましょう。
- 浜辺のワカメなど、浮かぶものならなんでもOK。いろんなもので試してみましょう。

まねっこつなぎゲーム

ひとり目が「うっきー」とサルのマネをしたら、次の人はそれをしてから「ぴょーん」と言ってカエルジャンプ。どんどん忙しくなる楽しいゲームです。

遊びの効力 | 集中力を伴った記憶力が必要な遊びです。遊びがリセットされるたびに、記憶のリセットも求められます。

遊び方

1. ひとり目が決めたポーズを、2人目はそのポーズになにかのポーズを足して次の人につなぐ。

2. 3人目は、そのふたつのポーズにさらになにかのポーズを足して次の人につなぐ。

3. どんどんつないでいき、ポーズを忘れてしまった人、間違えてしまった人が負け。

ポイント

- なにか言葉を言いながらそのポーズをすると、にぎやかになって楽しいですよ。
- 2人以上なら何人でもOK。何人でやっても、しなければいけないポーズはどんどん増えていくおもしろいゲームです。

ドレミで曲あてっこ

「♪ ドー・ドー・ソー・ソー・ラー・ラー。はい、6個弾いたよ。なんの曲でしょう？」
「わかった、キラキラ星！」、「当ったりい！」。とても楽しい音楽クイズです。

遊びの
効力
曲の冒頭しか聞けないので、知っているすべての曲の中から選ぶ、という作業を
瞬時にします。

遊び方

1　弾く人と当てる人に分かれる。弾く
　人は弾ける曲の中から、だれでも知
　っているような曲を思い浮かべる。

2　当てる人は10までで好きな数字
　を言い、弾く人はその個数分の音
　符を、曲の最初から弾く。

3　その個数で曲を当てたら勝ち、当
　たらなければ弾いた人の勝ち。

ポイント

・ 楽器はキーボードやピアノが最適ですが、
　リコーダーやハーモニカでもOK。

・ 弾く曲は、童謡など、子どもがよく知って
　いる曲がベストです。

私はだれでしょう!?

「それは耳の長い動物です」「ぴょんぴょん跳ねます」。そんなヒントを頼りに、自分のおでこに貼られた動物を当てていくゲームです。

遊びの
効力

> 言われた特徴に合う動物を、記憶の中のあらゆる動物から呼び起こす、という作業が脳の中で展開されます。

遊び方

1 子どもに帽子をかぶらせ、動物の絵やカードをおでこの部分に貼る。
2 出題者は次々とヒントを出し、子どもは自分に貼られた動物がなにかを当てる。

ポイント

- 適当な絵やカードがないときは、紙に動物の絵を描いて貼るのでもOK。
- 第1ヒントで当たれば3点、第2ヒントなら2点と、ポイント制にすると楽しくなります。
- 帽子の代わりに鉢巻を巻いて、それにカードを貼るのも楽しいですよ。

おうちで宝さがし

おうちでできる宝さがしごっこです。宝の地図を持って、さあ、出発！ どんな宝物が見つかったかな？

遊びの効力　地図の見方がうまくなると、空間認知力がつきます。まずは家の地図でその力を養いましょう。

遊び方

1. 宝物（お菓子の入った袋など）をいくつか、家の中のどこかに隠す。
2. 家の中のかんたんな見取り図を描き、隠した場所を記しておく。
3. さあ、地図を見ながら宝さがし、レッツゴー！

ポイント

- 子どもが宝物に近づいたら、「ピーピーピー」と言って合図をしてあげましょう。
- 宝物には、「よく見つけたね」などのメッセージカードをつけておくと盛り上がります。

さかさまワールド

「映ったものが逆さまになる」というのは子どもには不思議な現象です。それを知らなかった子どもは、そのおもしろさにしばらくはスプーンが離せなくなりますよ。

遊びの効力　鏡のおもしろさに気づき、その好奇心からバックミラーやウインドーガラスなどあらゆる鏡に興味を抱くようになります。

遊び方

1　大きめのスプーンを1本用意する。
2　スプーンを鏡にして、自分の顔や景色を映す。逆さまに映ったり細長く映ったり、不思議な映り方を楽しむ。

ポイント

• スプーンの表と裏では映り方が逆になる不思議さにも気づけるといいですね。
• 見るときにスプーンの角度を変えたり、顔に近づけたり離したりすると映り方も変わり、楽しいですよ。

ぜーんぶ「あいうえお」

話し言葉をぜ〜んぶ「あ・い・う・え・お」で言っちゃう遊びです。すべての言葉が
母音で終わる日本語ならではの遊びともいえます。

遊びの
効力
ひとつの言葉の音のしくみがわかるようになり、50音のしくみや日本語の音とし
てのおもしろさに気づくようになります。

遊び方

1 話したい言葉を、その言葉の母音
だけで言う。たとえば、「おかあ
さん」なら「お・あ・あ・あ・ん」
と、「ん」だけはきちんと発音する。

2 相手がなにを言っているかを当てる。

ポイント

・「動物の中から」などジャンルを決めてお
　くと、ちょっとしたヒントにもなります。
・慣れてきたら、ノーヒントで行ないましょう。

ちりめんモンスター

ちりめんじゃこの中には、いろんな「小さな海の生き物」が混じっていることがあります。カニ、イカ、タコ……。さて、いくつ見つけられるかな？

遊びの効力 ちりめんじゃこも含め、海の生き物には、こんな小さな形で生きているものがあることを改めて知ってやさしい気持ちになっていき、命の不思議も感じ取ります。

遊び方

1 たくさんのちりめんじゃこの前で、突然「探せ！ちりめんモンスター」と言って、子どもと一緒に探す。

2 見つけたら取り出してどんどん並べていく。

ポイント

- 季節によって混じっているものが違うことがあります。春・夏・秋・冬と、季節ごとに調べてみるのも楽しいですよ。
- どうして混じっているかを子どもと話し合い、海の世界に想いを馳せましょう。

なくなったのは？

適当なものを並べ、目をつぶっているうちになくなったものはなにかを当てます。子どもの記憶力は鋭く、大人よりもよく当たることもあります。

遊びの効力　覚えようとするときは集中力が、なくなったものを考えるときは記憶力が求められます。

 遊び方

1　人形、ミニカー、ボールペンなどなんでもよいので適当な個数を並べる。
2　子どもに10秒見せたあと目をつぶらせ、その間にひとつ隠す。
3　なくなったものはなにかを当てる。

ポイント

- 並べるものはおよそ年齢の個数が適当です。少しずつ個数を増やしていきましょう。
- 隠さずに向きを変えたり倒したりして、なにがどう変わったかを当てるのも楽しいですよ。
- おふろに浸かりながらでもできますよ。バスタブのフチにおふろのおもちゃなどを並べましょう。

穴から見て当てよう

子どもの観察力は鋭どく、動物でもキャラクターでも体の一部を見ただけでわかることが多いものです。こんな小さな窓から見ただけでもわかるかな?

遊びの効力　見える部分だけを見て全体を類推し、「自分が知っているもの」の中から選ぶ、という作業を瞬時に行ないます。

遊び方

1 厚紙を用意し、適当な大きさの穴をひとつあける。
2 動物や乗り物などの絵や写真の上にその紙を置いて絵や写真を隠す。
3 見える部分から、その絵や写真がなにかを当てる。

ポイント

- わからないときは、紙を移動させ、ほかの部分も見せていきます。
- 違う大きさの穴を2つ3つあけておいたり、紙を移動させるスピードを早くしたり遅くしたりすると楽しいですよ。

宝（貝）探しゲーム

貝がらを使った宝探しです。普段なら、海辺で見つけても珍しくはない貝ですが、この遊びで見つけたときは、まさに「宝物」のように思えるから不思議です。

遊びの効力	探すものを特化することでより多くの集中力と、「他のものと区別する力」が養われます。

遊び方

1　砂浜に、半径1〜2mの円を描く。
2　10個ほどの貝に油性マジックなどで目立つ印をつけ、石の下や浅く砂に隠す。さあ、見つけられるかな？

ポイント

- 砂に隠す場合はあまり深いところに隠さないようにしましょう。
- ほかの貝が一切ないような場所でする場合は貝に印は不要です。

3ピースの神経衰弱

絵合わせ遊びを兼ねた、3ピースの神経衰弱遊びです。同じカードを2枚そろえるだけの神経衰弱とはまた違った楽しさが味わえます。

遊びの効力 そろえるのは3枚なので、2枚をそろえる神経衰弱よりも、記憶力と集中力が多く求められます。

作り方

遊び方

1 同じ大きさの紙に動物、乗り物など、絵を描く。それぞれのカードを3等分に切り、すべてを裏返す。

2 神経衰弱の要領で、一回3枚を選んで表に返す。3枚の絵がそろったらゲット。そろえたセット数が多い人が勝ち。

ポイント

• カードは紙の上に写真を貼って作ってもOK!

• いらないトランプやカードがあれば、それをそのまま3ピースに切ってもOKです。

• 最初は5組くらいで行ない、慣れてきたら組数を増やしましょう。

砂浜の生き物、どーこだ？

海辺の砂浜に行くと、砂つぶ、貝がらなど子どもは必ずなにかを探します。子どもにとってはすべてが大発見ですが、特に動くものには興味津々です。

遊びの効力 魚以外にも「海の生き物」がたくさんいることに気づき、陸の生き物との違いも分かってきます。

掘ってみると…

いた!!

砂団子は…コメツキガニ!?

遊び方

1. 砂浜で、「なんでもいいから生き物をみつけよう！見つけたら教えてね」と声をかける。
2. 小さなエビやカニ、貝、ヒトデ。子どもがなにかを見つけるたびに、「大発見！」と言い、喜び合う。

ポイント

- 親には見慣れた小ガニも、子どもにとっては大発見。なにかを見つけるたびに大げさに驚いてあげましょう。
- 波打ち際に浮かぶワカメなども立派な生き物であることを伝えましょう。

メンコで勝負

昔なつかしいメンコ遊び。パチンッと、床の上にたたきつけて相手のメンコが裏返ったり、エリアから出たりすると勝ちです。おじいちゃんが一番うまいかも……？

遊びの効力 ｜ メンコのどの辺りに打ちつけるといいか、どのくらいの強さがいいか、などを考えるようになっていき、だんだん上手になっていきます。

遊び方

1　適当な大きさで○や□の形の型紙を作る。
2　その型紙に合わせて、牛乳パックや段ボール紙など厚めの紙を切る。
3　その1枚1枚に好きな絵を描くとできあがり。

ポイント

- 同じ紙を2〜3枚貼り合わせて作ると、とても丈夫なメンコができあがります。
- たたきつける強さ、場所などを工夫し、まずは相手のメンコを裏返せば勝ち！というルールで行ないましょう。
- その他にもいろんな遊び方があるので、ぜひおじいちゃんに聞いてみて！

サビキ釣り

初心者におすすめの釣りといえば、コレ。防波堤や波止場で、釣り糸をたらすだけで
OKです。親子で釣りを楽しんじゃおう！

遊びの
効力

糸をたらしている間、子どもは「魚はどこにいるのかな？」「どうしたらエサに
くいつくのかな？」など、いろいろと考えています。

晩ご飯分
釣るぞ〜！

釣れるかな〜？

遊び方

1 釣りざおやエサ、マキエカゴなど、
　サビキ釣りに必要なものがすべて
　セットになっているものを用意。

2 帽子やライフジャケットを着用し
　て、近くの防波堤や波止場で釣り
　を楽しもう。

ポイント

- サビキ釣り用の釣り糸には、針のしかけが
　ついていて、糸の先には「マキエカゴ」と
　いうエサを入れるカゴがついています。こ
　のエサで魚をおびきよせます。
- サビキ釣りは春〜晩秋くらいの時期に、ア
　ジやイワシなどの回遊魚が狙い目です。
- 釣りができる場所かどうか、事前に確認し
　ておきましょう。

遊ぶ場所を探そう

子どもとどこかにお出かけしたいけど、
「いつもの場所はマンネリだし、どこに行こうかな?」と迷うことも多いはず。
そんなときの探し方を紹介します。

口コミ や WEB で
お出かけ情報をゲット

公園、海、山など行きたいところを決め
たら、まずは情報収集。まとめサイトや
施設が発信している情報、一度行ったこ
とがある人の口コミや地元の人の話など
を集めましょう。

● WEB

子どもと遊びに行く場所をまとめてい
るサイトや、公園や施設などのWEB
などをチェック。ブログやSNSなど
で、個人の感想を書いている人もいる
ので探してみて。

いこーよ

親子でお出かけできる
遊び場の情報や、
お出かけ施設の情報が満載。

https://iko-yo.net/

● 口コミ

ママ友や知り合いなどで、実際に遊び
に行ったことがある人の話を聞いてみ
ましょう。リアルな声は参考になりま
す。

● 観光協会など
地元情報

「朝早くが穴場」「波が高いので危険」
など、地元の人にしかわからない情報
があります。そんな情報を知りたいと
きは観光協会にお問い合わせを。直接
電話してみてもいいでしょう。

● お出かけ前にチェックしよう

□ 天気予報

天気はすぐに変わります。昨日、晴れ予報でも、当日には雨予報になっていることも。WEBやアプリ、電話などで、お出かけ当日も必ず確認しましょう。

気象庁天気予報
https://www.jma.go.jp/jp/yoho/

□ 交通情報

どんな交通手段で行くのかを決めたら、電車の乗り換え、移動時間、駐車場の有無、渋滞情報など交通情報を事前に調べておきます。

交通渋滞（日本道路交通情報センター）
http://www.jartic.or.jp/

海 に行く前に

海とひとくちにいってもビーチがあるのか、海水浴ができるのか、浅瀬なのかなど、場所によって異なります。いざ海についてから困ることがないように、以下のことを調べておきましょう。

- □ ビーチ情報　　□ 料金
- □ アクセス　　　□ 営業時間
- □ 駐車場　　　　□ トイレの場所
- □ ライフセーバーの有無
- □ 潮の満ち引き
- □ 海の家やレンタル情報など

海にいこーよ
海のイベント情報や、
子どもにおすすめの海水浴場の情報など。

https://iko-yo.net/
partners/uminohi_jp

日本ライフセービング協会
水辺の事故や救助方法などが
わかりやすく紹介されています。
https://ls.jla-lifesaving.or.jp/

山 に行く前に

どんなに低い山でも油断は禁物です。また、ゆるやかな勾配でも、子どもにはきつい場合もあります。山の高さや登るのにかかる時間、ロープウェイや休憩所などを確認しておきましょう。

- □ 登山の難易度　　□ 山の高さ
- □ 登山時間　　　　□ ロープウェイの有無
- □ 休憩所　　　　　□ トイレの場所など

海ってこんなに楽しい！
海にいこーよ！

海は身近な大自然の遊び場。
五感をフルに使いながら、たくさんの「好き」や「楽しい」を発見できます。

波・海水

　寄せては返す波は、海のダンスみたい。波の音にも耳をすませて。あれ？ 海ってしょっぱい！体が浮くよ！どんなにおいがするかな？すべてが子どもにとって不思議でいっぱい。好奇心をくすぐる天然のアトラクションです。
- 海の上でプカプカ→p.61
- 波の中でかけっこ→p.64
- 海水から塩作り→p.117
- 箱めがねで水中探検→p.122
- 波とキャッチボール→p.141

砂浜

　砂浜は子どもだけの大きな砂場。貝がらみっけ！木の枝で絵をかこう！ワカメはヒゲにしたらどうかな？天然のキャンバスは、子どもの創造力や想像力をくすぐります。
- 砂浜に大きな絵→p.33
- 海辺の押しずもう→p.71
- 砂で魚を作ろう→p.96
- 波打ち際で棒倒し→p.100
- クラゲオニごっこ→p.110

生き物

　海は天然の水族館。よーく目をこらして見てみよう。あっ！いた！そこには不思議な海の生き物たち。意外にすぐに見つかり、触れる生き物たちは子どもの探求心や研究心を刺激します。
- おしゃれな貝探し→p.30
- 貝がらアート→p.89
- 磯遊びで、マイ水族館→p.120
- ちりめんモンスター→p.148
- 宝（貝）探しゲーム→p.151
- 砂浜の生き物、どーこだ？→p.153
- サビキ釣り→p.155

プカ

海は非認知能力が育つ
最適な遊び場

海は五感をフルに刺激する大自然の遊び場。気づくチカラ、考えるチカラを養いながら、たくさんの「好き」や「楽しい」が見つかる場所です。海の色、波の音、風のにおい、砂の手ざわり、しょっぱい海水……。

海とのふれあいを通して、子どもは自分を超えたたくさんのことに気づき、目を向け、想像するチカラを育むことでしょう。そしてその経験はココロの成長へとつながります。非日常な体験ができる海。海で、子ども達のココロ揺さぶるとっておきの体験との出会いを！

海と日本プロジェクト×いこーよ

海と日本プロジェクトは、暮らしを支え、心の安らぎやワクワクを与えてくれる海と子どもとの価値ある交流を通して、豊かな海の未来を育むことを目的としたさまざまな活動をしています。日本財団や政府の旗振りのもと、オールジャパンで推進するプロジェクトです。「いこーよ」は、子どもとのお出かけ場所が見つかる情報サイトです。海と日本プロジェクトの一環として、お出かけ先としての海を提案する「海にいこーよ」プロジェクトを展開しています。

監修
原坂一郎（はらさかいちろう）

神戸市に於ける23年間に渡る保育所勤務を経て、こどもコンサルタントとなり、「子どものことなら何でもおまかせ！」をモットーに全国で事業を展開。現在KANSAIこども研究所所長、日本笑い学会理事、関西国際大学教育学部講師。怪獣博士としても有名で、「マツコの知らない世界」(TBS)他に出演。著書に、『男の子のしつけに悩んだら読む本』『子どもの本当の気持ちが見えるようになる本』(以上すばる舎)など多数。
WEB　harasaka.com
TEL　078-881-0152（KANSAIこども研究所）

イラスト
モチコ

娘（2014.3生）と息子（2017.2生）に毎日ツッコみながら暮らす関西人漫画家・イラストレーター。4コマ育児日記をSNSで公開。著書に『育児ってこんなに笑えるんや！』『育児ってこんなに笑えるんや！二太郎誕生編』(ともにぴあ)、『マンガでわかる 離乳食はじめてBOOK』(KADOKAWA)。
ブログ「かぞくばか〜子育て4コマ絵日記」
WEB　http://ameblo.jp/musume-nichijo/
インスタグラム・ツイッター　@mochicodiary

協力
子どもとおでかけ情報「いこーよ」
～親子の成長、夢の育みを応援します！〜

2008年12月にサービスを開始した、家族でおでかけする場所が見つかる情報サイト。「いこーよ」を通じて家族のおでかけや会話が増え、子ども達の笑顔が増えることが明るい社会創りにつながることを願ってサイトを運営。おでかけ情報のほかにも、親もワクワクする子育て情報、家庭生活に役立つトピックスなどを随時発信中。
WEB　https://iko-yo.net/

特別協力
日本財団
海と日本プロジェクト
～海と人と人をつなぐ〜

■STAFF

デザイン	細山田光宣＋奥山志乃（細山田デザイン事務所）
編集制作	後藤加奈（ロビタ社）
原稿協力	兼子梨花

コラム協力
　p.44、p.103：伊豆海洋自然塾代表　齊藤武
　p.43、p.79：WaterSavvyプロデューサー /LIFEGUARD KAMAKURA パトロールディレクター　林亮太
海遊び案協力　神谷幸鹿（海のそなえ推進プロジェクト）、小土井孝文・吉野香穂・石川芽生子（アクトインディ）
DTP　ニシ工芸
校正　聚珍社

非認知能力が育つ 3〜6歳児のあそび図鑑

監修者	原坂一郎
発行者	池田士文
印刷所	図書印刷株式会社
製本所	図書印刷株式会社
発行所	株式会社池田書店

〒162-0851
東京都新宿区弁天町43番地
電話03-3267-6821(代)／振替00120-9-60072

落丁・乱丁はお取り替えいたします。
©K.K. Ikedashoten 2020, Printed in Japan
ISBN 978-4-262-16440-3

21015509